BEGINN

SCHÖNE UNORDNUNG

Mein Leben ist eine Baustelle. Wo vor Kurzem noch gekocht wurde und meine Lieblingsmenschen lachend am Tisch saßen, ist heute staubige Leere. Wo gerade noch Mädchen in der Wanne kicherten, ist eine Höhle mit blankem Mauerwerk, in die man nur durch einen Arbeitsdeckenvorhang gelangt. Wir bauen um. Es herrscht Chaos. Ich finde nichts, suche dauernd und schwanke zwischen hysterischem Lachen und Heulkrämpfen. Ich hätte nicht gedacht, dass mich Unordnung derart aus der Bahn werfen würde. Warum eigentlich? Weshalb muss ich wissen, wo die Käsereibe ist, um ausgeglichen zu sein? Wieso kann ich nicht entspannt einschlafen, nur weil die Esszimmerstühle neben meinem Bett stehen? Und was ist so schlimm daran, dass unser Kühlschrank gerade direkt neben dem Sofa geparkt ist? In Wahrheit nichts. Es ist nur einfach ungewohnt. Anders. Nicht so, wie ich mir das eigentlich vorstelle. Das mit der Ordnung in meiner Wohnung.

Wenn ich ehrlich bin, mag ich Unordnung nie, auch nicht im Rest meines Lebens. Ich mag Struktur, plane gern und liebe Verlässlichkeit. Aber so ist das Leben nicht – das Leben ist eine einzige Baustelle. Warum sich also dagegen wehren? Ab heute genieße ich es, dass ich nicht vom Sofa aufstehen muss, um nach dem Joghurt zu greifen. Ich bestelle Pizza mit den Kindern, weil die Küche gerade fehlt, und freue mich, dass wir jetzt immer alle in einem Raum sitzen abends. Echt gemütlich kann das sein auf so einer Baustelle.

Alles Liebe

Sinja

sinja@flow-magazin.de

Immer über Flow informiert sein? Folgt uns auf Facebook (Flow Magazin), auf Twitter (@FlowMagazin) oder besucht uns bei Instagram (Flow_Magazin)

58

44

46

36

108

25

90

98

Nummer 25 – 2017

INHALT

11 HALTUNG ZEIGEN
In einigen Ländern breiten sich politische Strömungen aus, die einem Sorgen bereiten. Unsere Autorin fragt sich, wie man sich einmischen kann, und stellt fest: Es gibt viele Möglichkeiten, etwas zu verändern – und sie zu nutzen fühlt sich richtig gut an

– Seite 19 bis 52 –

FEEL CONNECTED
Ein Blick auf die Welt und die Menschen um uns

22 SCHÖNE DINGE & IDEEN

25 WAS MACHST DU GERADE?
Das haben wir drei interessante Menschen gefragt: Ladenbesitzerin Stefanie Marthold, die Selbstversorger Rachel Segal und Scott Harmer sowie Friseur Martin Max

32 VERGEBEN BRAUCHT ZEIT
Immer wieder kommt es vor, dass wir einander verletzen. Und zu verzeihen fällt oftmals nicht leicht. Wie es trotzdem gelingt und warum es so wichtig ist

36 LEBENSLAUF: CHARLOTTE LINK
Sie ist eine der erfolgreichsten deutschen Schriftstellerinnen und zweifelt doch immer wieder an sich. Hier erzählt sie über ihre Vergangenheit, Gegenwart und Zukunft

46 DIE WELT ALS ARBEITSPLATZ
Am Strand oder im Café in einer pulsierenden Stadt – digitale Nomaden arbeiten überall. Über Chancen und Hürden dieser modernen Arbeitsform

52 KOLUMNE
Merle Wuttke entdeckt ihre Lust am Aufschieben – und dass die Welt davon nicht gleich untergeht

– Seite 53 bis 78 –

LIVE MINDFULLY
Leben im Hier und Jetzt

56 SCHÖNE DINGE & IDEEN

58 ALLE FOTOS WEG
Es fühlt sich wie eine mittelschwere Tragödie an, wenn die Festplatte mit allen Fotos geklaut wird. Doch in unserer Geschichte verhilft es zu überraschenden Einsichten

62 STARK WIE EIN HELD
Wer sich stark fühlt, ist es auch. Der Züricher Forscher Gerd Folkers hat untersucht, wie das funktioniert und wie wir uns dieses Phänomen zunutze machen können

66 ZEITGEIST: AKZEPTANZ HILFT
Wir hätten für jedes Problem gern eine Lösung. Doch manchmal gibt es die nicht. Das zu akzeptieren bringt uns weiter, sagt Psychotherapeut Matthias Wengenroth

71 DIE BÜCHER MEINES LEBENS
Diesmal verrät uns Anita Djafari, Bücherfrau des Jahres 2016, welche fünf Titel sie geprägt haben

76 OFFLINE GEHEN
Vielen von uns gelingt es nicht, das Smartphone auch mal links liegen zu lassen. Dabei tut es so gut. Wie uns das Abschalten leichter fällt

COVER-ILLUSTRATION **KATE PUGSLEY**

Nummer 25 - 2017

- Seite 79 bis 112 -

SPOIL YOURSELF
Zeit für eine kleine Verwöhnpause

82 SCHÖNE DINGE & IDEEN

84 LIEBLINGSSTÜCKE
Wir machen das Frühstück zur schönsten Mahlzeit des Tages. Dazu lassen wir die Farbe Grün hochleben und haben tolle Reisetaschen für dich gefunden

90 WANDMALEREIEN
Man sieht sie überall: Murals, toll gestaltete Zitate, die ganze Wände füllen, drinnen wie draußen. Kreative erzählen, was sie an dieser Kunstform so fasziniert

98 LOU ANDREAS-SALOMÉ
Sie verdrehte Nietzsche und Rilke den Kopf, Sigmund Freud verneigte sich vor ihr. Über das Leben der Schriftstellerin, Philosophin und Pionierin der Psychoanalyse

106 BROTZEIT
Feine vegane Brotaufstriche von Nadine Horn und Jörg Mayer vom Foodblog eat-this.org

108 EIN HOCH AUF DIE FÜNFZIGER
Julie Vrijens liebt die Zeit und Stimmung der Rock-'n'-Roll-Partys. Entsprechend stilecht sind ihr Haus, Bed & Breakfast und Bistro in Antwerpen eingerichtet

SCHÖNES VON FLOW

133 NOCH MEHR VON FLOW
Hübsche Flow-Produkte, die man online bestellen kann

134 SO BEKOMMST DU DEIN FLOW-ABO

- Seite 113 bis 138 -

MAKE IT SIMPLE
Es muss gar nicht so kompliziert sein

116 SCHÖNE DINGE & IDEEN

118 GEMÜSE ZIEHEN
Wie es auch ohne grünen Daumen gelingt, sich einen kleinen Küchengarten anzulegen – und warum das so ungemein befriedigend ist

124 KUNST GENIESSEN
Oft hetzen wir durchs Museum und klappern möglichst viele Kunstwerke ab. Was es verändert, wenn wir uns stattdessen mit viel Zeit auf wenige konzentrieren

128 MARMELADE KOCHEN
Eine Anleitung in Bildern von Kate Pugsley

130 WANDSCHMUCK
Aus ein paar Lederresten lassen sich ganz leicht Blumenvasen- und Küchenpapierhalter basteln

FLOW-EXTRAS

✶ FRÜHSTÜCKSFRAGEN-BÜCHLEIN
(zwischen Seite 44 und 45)

✶ 2 KÜCHENGARTENPOSTER
(zwischen Seite 122 und 123)

Ihr ZARTSCHMELZENDER Moment des Tages.

Wann immer, wo immer Sie LINDOR genießen – es ist ein magischer Moment. Wenn die feine Chocoladenhülle bricht, verführt die unendlich zartschmelzende Füllung Ihre Sinne und trägt Sie sanft davon – ein Moment puren Chocoladenglücks. Es ist Ihr Moment. Mit LINDOR – kreiert von den Lindt Maîtres Chocolatiers. Liebe und Leidenschaft für Chocolade seit 1845.

GESICHTER DIESER AUSGABE

Haltung zeigen Seite 11

Zeichnen hat Karolin Schnoor schon in der Schule gefallen. Also studierte sie Illustration und machte ihr Talent zum Beruf. Die Leidenschaft, die sie als Kind verspürte, hält bis heute an. „Ich liebe die Aufregung, wenn ein neuer Auftrag reinkommt. Mit etwas Glück schießt mir sofort eine Idee durch den Kopf oder ich skizziere drauflos, bis ich auf etwas stoße, das funktionieren könnte", schwärmt die junge Mutter. Besonders, wenn es ein Thema ist, das die 32-Jährige persönlich beschäftigt. Wie unsere Titelgeschichte: Haltung zeigen. „Mir lag viel daran, eine gewisse Bandbreite von Frauen zu illustrieren. Auch als Erinnerung, nicht einfach wegzuschauen, nur weil es uns selbst nicht betrifft, sondern gemeinsam für eine Sache einzustehen."

Was machst du gerade? Seite 25

Fotografieren kam zusammen mit dem Reisen in das Leben von Isabela Pacini (42), als sie mit dem Rucksack Europa erkundete. „Die Kamera erwies sich als tolles Mittel, um mit Menschen in Kontakt zu kommen, und darum ging es mir", erzählt die Brasilianerin. Sie machte ihr Hobby zum Beruf und ließ sich in Hamburg nieder. Am liebsten sind ihr Porträts wie das von Friseur Martin Max für diese Ausgabe. Dabei ist es ihr wichtig, dass sich die Porträtierten wohlfühlen. „Ich versuche immer, mich ehrlich für mein Gegenüber zu interessieren, gleichzeitig aber auch, Dinge von mir selbst preiszugeben. Das bricht das Eis", so Isabelas Erfahrung.

Kunst genießen Seite 124

Seit der ersten Ausgabe schreibt Anne Otto (46) für Flow Texte zu Themen aus den Bereichen Achtsamkeit und Lebenskunst. Die Psychologin und Journalistin liebt aber auch Kultur. Die Recherche zu unserer Geschichte über die „langsame Art", Kunst zu genießen, hat sie deshalb besonders inspiriert. „Mir gefällt die Idee, mal ganz ruhig zehn Minuten vor einem Gemälde stehen zu bleiben", sagt sie. Als Kind ist sie von ihren kulturinteressierten Eltern oft durch Galerien geschleppt worden – damals war es eher ein gehetztes Abklappern von Highlights und hat sie genervt. Inzwischen sieht sie auch das Positive daran, schon von klein auf so viel Zeit in Museen verbracht zu haben: „Manche Bilder kommen mir heute vor wie alte Bekannte. Ich fühle mich in ihrer Gegenwart einfach wohl."

IMPRESSUM

Verlag und Sitz der Redaktion
G+J Food & Living GmbH & Co. KG,
Am Baumwall 11, 20459 Hamburg.
Ein Unternehmen der Verlagsgruppe
Deutsche Medien-Manufaktur
Postanschrift Redaktion Flow, Brieffach 44,
20444 Hamburg, Tel. (040) 370 30
Leserservice leserservice@flow-magazin.de

Chefredakteurin Sinja Schütte
Redaktionsleitung Tanja Reuschling
Grafik Eva-Maria Kowalczyk (Ltg.), Johanna Marx
Bildredaktion Dani Kreisl
Redaktion Sarah Erdmann, Lena Neher
Mitarbeiter dieser Ausgabe Maja Beckers, Caroline Buijs, Caroline Coehorst, Angelika Dietrich, Catelijne Elzes, Gretas Schwester, Mariska Jansen, Ben Javens, Jeannette Jonker, Markus Kirchgessner, Carola Kleinschmidt, Wiebke A. Kuhn, Jocelyn de Kwant, Liekeland, Sanny van Loon, David Maupilé, Chris Muyres, Anne Otto, Isabela Pacini, Kate Pugsley, Stefanie Schäfer, Karolin Schnoor, Andrea Schwendemann, Textra Fachübersetzungen, Eva Wünsch, Merle Wuttke
Geschäftsführende Redakteurin Gabriele Milchers
Chefin vom Dienst Petra Boehm
Schlussredaktion Silke Schlichting (fr.)

Geschäftsführung Hermann Bimberg (Sprecher), Dr. Frank Stahmer
Publisher Living Matthias Frei
Publishing Manager Andrea Kobelentz
Director Brand Solutions/verantwortlich für den Anzeigenteil Nicole Schostak,
G+J Media Sales, Am Baumwall 11, 20459 Hamburg
Vertriebsleitung Martin Jannke
Vertrieb Andreas Jastrau,
DPV Deutscher Pressevertrieb GmbH
Marketingleiterin Ulrike Schönborn
PR/Kommunikation Mandy Rußmann
Herstellung Heiko Belitz (Ltg.), Michael Rakowski
Verantwortlich für den redaktionellen Inhalt
Sinja Schütte, Am Baumwall 11, 20459 Hamburg
Druck LSC Communications Europe,
ul. Obroncow Modlina 11, 30-733 Krakau, Polen
ABO-SERVICE www.flow-magazin.de/abo,
Tel. (040) 55 55 78 09, Flow-Kundenservice,
20080 Hamburg
Jahresabo-Preise Deutschland 55,60 Euro inkl. MwSt. und frei Haus, Österreich 64 Euro und Schweiz 96 sfr

Lizenznehmer von Sanoma Media Netherlands B. V.

© Copyright 2017: FLOW is a registered trademark. This edition of FLOW is published under license from Sanoma Netherlands B. V. Nachdruck, Aufnahme in Online-Dienste und Internet und Vervielfältigung auf Datenträger wie CD-ROM, DVD-ROM etc. nur nach vorheriger schriftlicher Zustimmung der Redaktion. Entwürfe und Pläne unterliegen dem Schutze des Urheberrechts. Alle Auskünfte, Preise, Maße, Farben und Bezugsquellen ohne Gewähr. Manuskripten und Fotos bitte Rückporto beifügen. Für unverlangte Einsendungen keine Gewähr.
ISSN 2198-5588

FLOW MAGAZINE INTERNATIONAL
Creative Directors Astrid van der Hulst, Irene Smit
Art Director Gwendolyn Tan
Brand Director Joyce Nieuwenhuijs (for licensing and syndication: joyce.nieuwenhuijs@sanoma.com)
Brand Manager Karin de Lange, Jessica Kleijnen
International Coordinator Eugénie Bersée
International Assistant Marjolijn Polman
Supply Chain Management Gert Tuinsma
Flow Magazine is published by Sanoma Media Netherlands B.V.
Registered Office Capellalaan 65, 2132 JL Hoofddorp, Netherlands; 0031 (0)88 5564 930

HALTUNG ZEIGEN

In einigen Ländern breiten sich politische Strömungen aus, die einem Sorgen bereiten – weil sie unser Zusammenleben und unsere Zukunft deutlich verändern könnten. Merle Wuttke fragt sich, wie man sich in diesen Zeiten einmischen kann, um etwas zu verändern, und stellt fest: Es ist gar nicht so schwer

UNSERE DEMOKRATIE IST EIN WERTVOLLER SCHATZ, DEN WIR GUT HÜTEN SOLLTEN

Gerade habe ich meinem Sohn das Kinderbuch *Sommersprossen auf den Knien* von der norwegischen Autorin Maria Parr vorgelesen. Darin geht es um die neunjährige Tonje, die in großer Freiheit und umringt von Menschen, die sie lieben, in einem Dorf an einem Fjord aufwächst. Dennoch bleibt Tonje nicht davon verschont, zu merken, dass es in der Welt Ungerechtigkeit und Verlogenheit gibt und Leute, die nur für ihren Vorteil agieren. Doch das spornt sie nur mehr an, sich für die Dinge und die Menschen einzusetzen, die ihr wichtig sind.

Mein Sohn und ich waren von Tonjes Unerschütterlichkeit schwer beeindruckt, und zumindest mich machte die Geschichte auch ganz schön nachdenklich. Denn sie führte mir wieder einmal vor Augen, wie dringend wir auf der ganzen Welt gerade jetzt Menschen wie Tonje brauchen. Allein Donald Trump hat in kurzer Zeit schon so vieles ins Wanken gebracht, verbreitet als Präsident der USA offensichtliche Unwahrheiten, treibt die Welt auseinander, statt sie zusammenzuhalten. Und auch in Europa stehen in diesem Jahr wichtige Wahlen an. In den Niederlanden konnte man im März merken, wie sich die Stimmung selbst im bürgerlichen Lager gedreht hat, bleibt abzuwarten, was bei den Wahlen in Frankreich passiert, und in Deutschland geht es im September bei der Bundestagswahl auch um die Frage, wie wir uns unser Zusammenleben als Gesellschaft vorstellen. Höre ich mich unter Freunden um, eint uns der Eindruck: Die Demokratie, mit der wir aufgewachsen sind – stabil, verlässlich, gerecht –, sie braucht uns gerade. Uns und unsere Stimmen. Weil wir bei uns nämlich das Glück haben, jederzeit unsere Meinung frei äußern zu dürfen. Weil wir es zum größten Teil schaffen, seit Jahrzehnten auf diesem Kontinent in Frieden zu leben, und weil wir alle in Europa gut und gern auf einen Menschen wie Trump verzichten können. Und so sehr einen die aktuellen Entwicklungen in den USA auch schrecken mögen, das politische Dilemma dort hat auch etwas Gutes: Wie viele andere habe auch ich darüber einen alten Schatz wiederentdeckt – meine Freiheit. Und deren demokratisches Fundament möchte ich stärken und unterstützen. Nur wie?

NEUE BÜRGERBEWEGUNG
Was ich zurzeit großartig finde, sind die Frauen, die seit dem Amtsantritt Donald Trumps das Land aufmischen. Seit ihrem Protest im Januar kommt eine neue Bürgerbewegung ins Rollen. Überall im Land organisieren sich die Menschen, um für ihre Rechte und gegen ihren neuen Präsidenten zu demonstrieren. Unterstützung dafür gibt es unter anderem von früheren Obama-Mitarbeitern. Diese haben ehrenamtlich die Website indivisibleguide.com gegründet, auf der sie unterschiedliche Wege aufzeigen, wie man die Unsinnigkeiten der Trump-Regierung entlarvt und Protest organisieren kann. Ich finde das sehr ansprechend. Mir persönlich fällt es nämlich schwer, mich wirklich verbindlich Gruppierungen anzuschließen, deren politischen Positionen ich nicht in allen Bereichen teile. Deshalb wollte ich nie in eine Partei eintreten.

Eine Initiative, bei der jeder mitmachen kann, der sich für demokratische Grundwerte einsetzen will, ist: die „Offene Gesellschaft" (die-offene-gesellschaft.de). Gegründet haben sie der Soziologe Harald Welzer und der Politikwissenschaftler Alexander Carius. Auf der Seite finden sich Infos zu Debatten, Performances, Theaterstücken oder Vorträgen, man kann Flashmobs, Lesungen oder einen Protestmarsch organisieren – alles ist willkommen, was dazu führt, dass sich die Gesellschaft wieder stärker politisiert. Welzer und Carius haben extra eine Form gewählt, von der sich viele Menschen eingeladen fühlen mitzumachen. „Wir haben als zivilgesellschaftliche Initiative bewusst keine Parteibindung. Der Freundeskreis ist bunt gemischt – von eher konservativ bis eher linksliberal, mit und ohne Migrationshintergrund, weiblich und männlich, studiert und nichtstudiert. Das Alter reicht derzeit von 15 bis 75", so Alexander Wragge, ein Sprecher der Initiative.

>

Der Dokumentarfilm Everyday Rebellion zeigt die verschiedenen Protestbewegungen der vergangenen Jahre – von Occupy bis zum Arabischen Frühling. Sehr beeindruckend

„ES GIBT KEIN RICHTIGES LEBEN IM FALSCHEN."

Theodor W. Adorno

Ich glaube, nicht nur ich fühle mich von diesem Ansatz angesprochen; auch für jüngere Menschen wie etwa meine 16-jährige Patentochter ist es ein passender Weg, Zugang zur Politik zu finden. Die aktuelle Shell-Jugendstudie zeigt nämlich, dass gerade bei der jüngeren Generation das Interesse an Politik steigt wie seit Langem nicht mehr, sie aber keine Lust hat auf die etablierten Parteien. Und wenn ich ehrlich bin, geht es mir ähnlich. Auch ich habe mich in den vergangenen Jahren eher zurückgelehnt, was irgendeine Form des politischen Engagements angeht.

Doch nun spüre ich nicht nur bei mir, sondern auch bei vielen Freunden und Bekannten die Lust, wieder aktiv mitzumischen und gehört zu werden. Es ist ein bisschen so, als würde sich überall im Land ein gutartiger Virus ausbreiten, der in uns eine politische Flamme entfacht.

„Täglich machen uns Nachrichten auf die vielen ungelösten Konflikte weltweit aufmerksam. Derzeit steht die Zukunft der EU auf dem Spiel. Dadurch wird Deutschland herausgefordert, mehr Verantwortung zu tragen, und ringt zugleich um die eigene Stabilität. Das bewegt die Menschen, ihr Interesse an Politik nimmt zu", sagt Christiane Bender, Professorin für Soziologie an der Helmut-Schmidt-Universität in Hamburg. Sie findet aber, dass unsere Demokratie noch mehr Achtung verträge: „Uns ist der Stolz darauf etwas verloren gegangen. Wir könnten die Demokratie mehr zelebrieren, zum Beispiel am Wahltag, zum Beispiel indem wir etwas Tolles kochen und dann mit den Kindern oder mit Freunden gemeinsam ins Wahllokal gehen. Dadurch bekommt das Wählen etwas Rituelles, etwas Feierliches. Der ehemalige Bundespräsident Joachim Gauck ist da ein gutes Vorbild. Oftmals hat er erzählt, dass er sich sein Leben lang danach sehnte, frei wählen zu dürfen und wie sehr er es jetzt jedes Mal genießt. Und das ist ja auch etwas Großartiges und keineswegs selbstverständlich. Dazu haben wir in Deutschland demokratische Parteien und viele Bürgerinitiativen, an denen jeder von uns mitwirken kann – das sollten wir schätzen."

FÜREINANDER EINSTEHEN

Auch Jean Ziegler, der große alte Mann der Globalisierungskritik, Soziologe und Politiker, ist absolut überzeugt davon, dass wir die Welt verändern können. Das Einzige, was wir seiner Meinung dafür brauchen, ist Haltung. In seinem Buch *Ändere die Welt!* beschreibt er, wie wichtig es ist, dass man weiß, wo

---

ES GIBT VIELE WEGE MITZUMISCHEN
Vielleicht hast du ja auch Lust bekommen, dich mehr einzubringen in die Gesellschaft, weißt aber nicht so recht, wie. Eine erste Möglichkeit sind Onlinepetitionen, wie sie etwa von Netzkampagnen-Aktivisten wie Campact (campact.de) durchgeführt werden. Hier reicht ein Klick, und schon unterstützt man ein Projekt. Aber auch Umweltschutzorganisationen wie Greenpeace bieten diese Möglichkeiten direkt auf ihrer Seite an. Oder man lädt sich eine App wie *Goodnity* herunter: Darüber kann man anonymisiert Fragen zu Marktforschungszwecken beantworten, wofür die App-Erfinder im Gegenzug Geld an soziale Projekte spenden. Wer mehr Zeit zur Verfügung hat, kann sich auch für eine ehrenamtliche Tätigkeit entscheiden: Flüchtlinge zu Behörden begleiten, Nistkästen für Vögel bauen oder am Badesee als Rettungsschwimmer aufpassen. Unter dem Stichwort „Freiwilligendienste" findet man bundesweit Ansprechpartner.

man steht. Dass man die Frage: „Which Side Are You On?", wie sie ein berühmtes Lied der amerikanischen Arbeiterbewegung stellt, klar für sich beantworten kann. Oder dass man sich bewusst macht, was auch schon der Philosoph Theodor W. Adorno schrieb, dass es „kein richtiges Leben im falschen gibt". Denn eine gerechte, offene Gesellschaft, so Jean Ziegler, können wir nur erreichen, wenn wir für uns und die Bedürfnisse anderer öffentlich einstehen und zeigen: Du bist nicht allein, wir sind an deiner Seite.

Nach dem Gespräch mit Jean Ziegler wird mir klar, dass tatsächlich genau das die Basis unseres Zusammenlebens und unserer Werte ist: das Zusammengehörigkeitsgefühl und die gegenseitige Unterstützung. Die ist leider, obwohl eigentlich selbstverständlich, in den vergangenen Jahren in unserer Gesellschaft ein wenig ins Abseits geraten. Doch wie sagte schon Albert Camus? „Freiheit besteht in erster Linie nicht aus Privilegien, sondern aus Pflichten." Er hat ja recht, nur leider klingt das erst mal nach ganz schön viel Arbeit. Doch dann kamen mir viele Leute aus meinem Bekanntenkreis in den Sinn, die diese „Pflichten" ganz beiläufig erfüllen und mir damit deutlich machen, dass auch ich das im Alltag viel stärker tun kann. Und so meinen Teil dazu beitrage, das demokratische Rückgrat der Gesellschaft zu stärken.

Eine Freundin von mir engagiert sich zum Beispiel seit Jahren im Elternrat der Grundschule. Sie sorgt dafür, dass die Kinder mittags ein vernünftiges Essen bekommen oder endlich neue Räume zum Spielen und Lesen. Das ist natürlich nicht die große Bühne der Politik, aber sie bewegt direkt und vor Ort etwas. Denn wie geht der alte Spruch noch? Think global, act local. Ein anderer Freund von mir, der sich nie besonders für Lokalpolitik interessierte, geht jeden Monat zu den Bezirksversammlungen in seinem Viertel. Anfangs war der Grund dafür ein persönlicher – das Mietshaus, in dem er lebte, sollte abgerissen werden, um dort teure Stadthäuser zu bauen, und dagegen wollte er etwas tun. Doch mittlerweile findet er „es hoch spannend, mitzubekommen, wie dort Menschen wie du und ich Politik zu machen versuchen und wie direkt deren Arbeit, ob gut oder schlecht,

sich auf uns als Bürger auswirkt". Er überlegt jetzt tatsächlich, in eine Partei einzutreten, um mit Mandat ausgestattet mitzumischen.

PROTEST AUF DEM RAD
Und ich? Ich verkaufe meine Klamotten nicht mehr auf dem Flohmarkt, sondern spende sie dem Sozialladen um die Ecke. Ich backe einen Kuchen mehr, damit beim Schulfest mehr verkauft werden kann und so mehr Geld für ein soziales Schülerprojekt zusammenkommt. Ich werde ab jetzt öfter mal zu den Veranstaltungen der Lokalpolitiker gehen, die für mein Viertel zuständig sind. Und ich versuche, regelmäßig bei der Critical Mass mitzufahren. Was das ist? An jedem letzten Freitag im Monat treffen sich in fast jeder großen Stadt Deutschlands Tausende von Radfahrern, um auf eine etwas anarchistische Weise für die Stärkung des Radverkehrs zu >

„ALLES WIRD GUT; DENN DARAUF IST DIE WELT GEBAUT."

Aus: *Der Meister und Margarita* von Michail Bulgakow

werben. Ich hatte diese Treffen bislang vor allem als großen Spaß und weniger als politische Aktion empfunden. Doch wir sind viele und deswegen auch mächtig. Kein Auto, kein Bus kommt mehr durch, wenn wir die Straßen für kurze Zeit entern.

Ich glaube, die Gesellschaft mitzugestalten, das geht auf viele Arten, mal verbindlich, mal eher locker. Tilman Mayer, Professor für Politikwissenschaften in Bonn, hält das für ein Zeichen der Zeit: „Es gehört heute zu unserer Gesellschaft, offen zu bleiben und sich nicht festlegen zu müssen. Man kann das auch positiv sehen und sagen, die Leute sind eben flexibler als früher. Man hat nicht mehr etwas fürs ganze Leben abonniert, sondern geht nach den Angeboten, die es gibt." Darüber hinaus hält er es aber für außerordentlich wichtig, dass wir wieder ein ausgeprägteres staatsbürgerliches Bewusstsein kultivieren.

EIN ROMAN ALS AUGENÖFFNER

Ein solches Bewusstsein herzustellen, das geht manchmal auch über Theaterstücke, Filme oder Bücher. Weil sie die Menschen direkt ins Herz treffen können und ohne erhobenen Zeigefinger auskommen. Einer meiner Lieblingsromane, *Der Meister und Margarita* von Michail Bulgakow, ist so ein Buch. Es sorgte 1966 nach seinem Erscheinen in Russland für große Aufregung und Diskussionen. Und das, obwohl der Autor da bereits seit Jahrzehnten tot und der Roman sogar in Teilen zensiert war. Die Geschichte, die im Moskau der 30er-Jahre spielt, verbreitete sich rasend schnell und gilt heute als Klassiker der russischen Literatur. Der vielschichtige Roman ist unter anderem eine Satire auf die stalinistische Sowjetunion. Es ist aber vor allem ein Buch, in dem es ganz konkret um die Frage geht, auf welcher Seite man steht. Inwiefern man bereit ist, das Böse ein Stück in sein Leben zu lassen, um als Gegenleistung etwas Gutes zu bekommen, und wie man sich einer Macht, die alles bestimmen will, entgegenstellen kann. Es ist ein verrückter, ein magischer Roman, der einen schnell in seinen Bann zieht, und einer seiner Protagonisten sagt darin etwas sehr Wichtiges: „Alles wird gut; denn darauf ist die Welt gebaut." Und die Welt, das sind doch schließlich wir, oder? ●

BEWEGUNG FÜR MEHR DEMOKRATIE
Carolin Emcke, 2016 mit dem Friedenspreis des Deutschen Buchhandels ausgezeichnet, ruft in ihrem Werk *Gegen den Hass* zum zivilen Widerstand auf, indem man sich zum Wir zusammenfindet, „um miteinander zu sprechen und zu handeln". Zu diesem Zweck hat Mareike Nieberding zwei Tage nach der US-Wahl auf Facebook die Jugendbewegung für Demokratie DEMO gegründet. Mit ihren Mitstreitern will die Journalistin vor der Bundestagswahl durch die Republik reisen, um die Menschen ins Gespräch zu bringen und zum Wählen zu motivieren. Angedacht sind Workshops mit jungen Leuten, Podiumsdiskussionen mit Vertretern der Jugendorganisationen der Parteien, Konzerte. Wer mitmachen will: demo-bewegt.de.

MEHR LESEN?

* Jean Ziegler: *Ändere die Welt!* Ebenfalls lesenswert sein neues Buch, *Der schmale Grat der Hoffnung* (beide C. Bertelsmann)
* Martin Häusler: *Stell dir vor, jeder sagt die Wahrheit! 50 Utopien, die die Welt verändern* (Gütersloher Verlagsanstalt)

„Ein Freund ist jemand,
bei dem du es wagen kannst,
du selbst zu sein."

Frank Crane,
amerikanischer Kolumnist (1861–1928)

FEEL CONNECTED

Ein Blick auf die Welt und die Menschen um uns

IM GELD SCHWIMMEN
Eigentlich sollten die Fische in den 20er-Jahren nur die Fertigkeit der Porzellankünstler schulen, doch die Spardosen wurden zum Bestseller. Orientiert am Design von damals, macht uns das neu aufgelegte „Sparedyr" (Spartier) auch heute Freude. Kähler, 44,90 Euro

Realer Rätselspaß
Warum waren Sherlock Holmes und Dr. Watson so erfolgreich? Sie knackten ihre Fälle gemeinsam. Bei den Spielen von TeamEscape kann man sich mit bis zu sechs Personen selbst als Detektiv versuchen. Eingeschlossen in einen Raum, hat man 60 Minuten Zeit, um den Schlüssel zum Entkommen zu finden bzw. das Rätsel zu lösen. Jeder Schauplatz ist passend zur jeweiligen Story dekoriert, überall verstecken sich Hinweise, die es zu sammeln und kombinieren gilt. Ein lustiger Zeitvertreib und gut fürs Wirgefühl. Ab 71 Euro/Raum, teamescape.com

WIE EINE ELSTER EINE FAMILIE RETTETE
Es war ein kleiner Vogel, der für Sam Bloom und ihre Familie alles veränderte. Die Australierin war nach einem Unfall in Thailand querschnittsgelähmt und fiel in ein tiefes Loch. Doch dann findet ihr Sohn Noah Penguin, eine Elster, die aus dem Nest gefallen ist. Den kleinen Vogel aufzuziehen, ihn zu streicheln, ihm ihre Sorgen anzuvertrauen hilft Sam zurück ins Leben und bringt wieder Freude in ihre Familie. Sams Mann, Cameron, hat das alles in wunderbaren Bildern festgehalten und im Internet gepostet, Penguin wurde zum Star in den sozialen Netzwerken. Jetzt gibt es die Geschichte auch als Buch. Cameron Bloom & Bradley Trevor Greive: *Penguin Bloom. Der kleine Vogel, der unsere Familie rettete* (Knaus, 19,99 Euro)

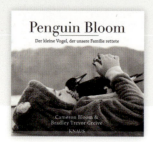

LESEFREUDE

Ein Buch ist ja eigentlich immer ein gutes Geschenk. Nur manchmal ist es nicht so leicht, eins zu finden, das der zu Beschenkende noch nicht hat. Deshalb gibt's den „BücherScheck". Den Gutschein kann man in allen teilnehmenden Buchhandlungen kaufen und einlösen. So hat man das passende Geschenk und unterstützt gleichzeitig auch noch den lokalen Einzelhandel. buecherscheck.de

HINTERM MIKROFON

Karaoke klingt oft schrecklich, ist mit Freunden aber ein großer Spaß. Mit der „Lucky Voice Party Box" kann man den jetzt auch zu Hause haben. Man schließt sie direkt an den Computer an, über die zugehörige Website können Tausende Songs vom Evergreen bis zum aktuellen Hit gestreamt werden. Über alexandalexa.com zum Preis von 82 Euro

DOPPELTER SINN

Was hat ein Hund mit einem Sportler gemein? Ein Obst mit einem Hut? Oder ein Pferd mit einer Frisur? Ganz einfach, sie haben den gleichen Namen: Boxer, Melone, Pony. Die Liste der sogenannten Homonyme ist lang. Illustratorin Mirja Winkelmann war schon als Kind fasziniert davon, dass sich zwei unterschiedliche Dinge eine Vokabel teilen. In ihrem Buch *Zwei Bilder – ein Wort* verewigte sie diese Begeisterung und dachte sich für 22 Begriffe einprägsame Illustrationen aus. Das Raten macht Spaß, und es fördert obendrein die Sprachkompetenz. Prestel, 12,99 Euro

Kennenlernhilfen

Die Dating-App *Tinder* ist nicht unbedingt für jeden was. Wir haben drei kostenlose Alternativen zum „Wisch und weg" gefunden.

✳ **getwhispar.com** Mit *Whispar* erfolgt die Kontaktanbahnung erst mal über das Ohr. User stellen sich mit einer Tonaufnahme vor. Wenn man das Audioprofil ganz angehört hat, darf man das Bild sehen.

✳ **getcandidate.com** Die richtigen Fragen bringen einen ja oft weiter. Wer *Candidate* nutzt, denkt sich zunächst fünf aus. Gefallen die Antworten eines Nutzers, gibt es ein Match, und mit Glück funkt's.

✳ **getonce.com** Statt einen mit einer Flut an potenziellen Dates zu überfordern, schlägt *Once* einem nur einmal am Tag eines vor. Meldet man sich innerhalb von 24 Stunden nicht, verfällt die Chance.

FLOW IM ABO

8 Ausgaben frei Haus

Mit besonderer Geschenkbox

Jetzt verschenken FÜR NUR 55,60 €

Jetzt bestellen unter:
WWW.FLOW-MAGAZIN.DE/GESCHENKABO (040) 55 55 78 00

Bei telefonischer Bestellung die Bestellnummer 157 4171 angeben. Flow erscheint im Verlag G+J Food & Living GmbH & Co. KG, Am Baumwall 11, 20459 Hamburg. Handelsregister: AG Hamburg, HRA 120293. Vertrieb: Belieferung, Betreuung und Inkasso erfolgen durch DPV Deutscher Pressevertrieb GmbH, Nils Oberschelp (Vorsitz), Christina Dohmann, Dr. Michael Rathje, Am Sandtorkai 74, 20457 Hamburg, als leistender Unternehmer. Handelsregister: AG Hamburg, HRB 95752.

Was machst du gerade?

DAS HABEN WIR DREI MENSCHEN GEFRAGT, DIE WIR KLASSE FINDEN

TEXT SARAH ERDMANN, JEANNETTE JONKER, LENA NEHER, ANDREA SCHWENDEMANN FOTO ISABELA PACINI, ULRIKE SCHACHT/SHOP GIRLS (CALLWEY)

„Bei der Erfüllung deiner Träume musst du den ersten Schritt machen. Es wird kein anderer für dich tun."

Im April feiert Steffi mit Edi.M schon den ersten Geburtstag. Immer dabei: Hündin Edna, kurz Edi, die Seele des Ladens

Diese Wand hat Stefanies Vater gebaut – unter anderem aus dem Holz des Kinderbettes von Steffis Schwester

Stefanie Marthold

✖ 31 JAHRE 🏠 LEBT IN NÜRNBERG ❤ MIT HÜNDIN EDNA
🛍 LADENBESITZERIN ↖ EDIMSTORE.DE

Was machst du gerade?
Ich entwerfe Postkarten für meinen Laden. Auf meiner Lieblingskarte steht: „Things I never say: ‚I like you', ‚I wanna kiss you' und ‚No'". Ich finde, man sollte öfters küssen und auch mal Nein sagen.

Hast du mal Ja gesagt, obwohl ein Nein besser gewesen wäre?
Ich habe zugesagt, als mich mein früherer Chef vor ein paar Jahren gefragt hat, ob ich Chefin von 30 Leuten werden möchte. Es war gleichzeitig der schönste, der lehrreichste, aber auch der schwierigste Job.

Das musst du näher erklären...
Ich hatte ein tolles Team, habe aber nur noch für die Arbeit gelebt und Freunde und Familie kaum gesehen. Das war eine wahnsinnig schwere Zeit für mich und dennoch eine wichtige. Ohne diese Erfahrung hätte ich meinen Traum vom eigenen Laden nicht verwirklicht.

War das schwierig?
Es lief nicht gleich alles glatt, ich war am Anfang etwas planlos. Das ist so bei mir: Ich habe zwar viele Ideen, die müssen sich aber erst noch entwickeln. Zum Beispiel sollte es ursprünglich ein Klamottenladen werden, ich bin ja eigentlich Modesignerin. Ich habe aber schnell festgestellt, dass mir das zu wenig ist. Inzwischen biete ich auch Möbel, Bücher, Seife und Schmuck an.

Wie gehst du mit Fehlern um?
Ich versuche, aus ihnen zu lernen und das Beste daraus zu machen. Wer sich selbstständig macht, weiß ja eigentlich vorher, dass Fehler passieren. Ich kann das inzwischen akzeptieren und mir auch mal einen Durchhänger erlauben.

Hast du alles allein gestemmt?
Mein Ladenprojekt habe ich erst mal allein vorangetrieben. Ich glaube, dass man selbst den ersten Schritt machen muss, wenn man sich seine Träume erfüllen will. Dann aber kam mein zweites Lebensmotto zum Tragen: „Trau dich, um Hilfe zu bitten". Das habe ich gemacht. Denn es ist viel schöner, so ein Projekt mit anderen zusammen zu verwirklichen. >

Die kleine Isla liebt es, draußen in der Natur herumzutollen und durch den Matsch zu stiefeln

Rachel Segal und Scott Harmer

✖ 33 UND 32 JAHRE ⌂ LEBEN AUF QUADRA ISLAND, KANADA ♥ MIT TOCHTER ISLA UND SOHN MAX ⚒ FREELANCER ⚐ FIRSTTIMEFARMERS.COM

Was macht ihr gerade?
Wir haben den zweiten Winter in unserem 30 Quadratmeter großen Zelthaus mitten im Wald überlebt. Es ist ziemlich hart hier draußen, gerade mit zwei kleinen Kindern. Doch die Wildnis lehrt uns Geduld und Bescheidenheit, lässt uns die kleinen Dinge schätzen.

Wie äußert sich das?
Das Leben auf der Farm steht für ein „Zurück zu den Wurzeln". Wir haben kein fließendes Wasser, versuchen, uns zum Teil selbst zu versorgen, verarbeiten beispielsweise die Milch der Ziegen zu Käse weiter, freuen uns über frische Eier unserer Hühner. Neben der Farmarbeit und unseren Jobs als Freelancer schaffen wir uns immer wieder Inseln, um gemeinsam durch die Natur zu spazieren, neue Ideen zu spinnen oder über Zukunftspläne zu reden. Das ist wirklich sehr viel wert.

Wie fühlt sich das Leben im Vergleich mit dem in der Stadt an?
In der Stadt ging es stets nur um eins: Arbeit. Projekte aus Leidenschaft waren Nebensache, der Fokus lag auf der Karriere. Klar bringen uns unsere Jobs noch immer Spaß, doch der beste Teil des Tages ist die Zeit, die wir mit unserer Ziegenherde verbringen. Mit allem, was dazugehört. Von langen Märschen durch die Wälder über das Schneiden der Klauen bis hin zum Misten der Ställe. Das Tempo hat sich nicht geändert. Wir sind ebenso beschäftigt wie früher. Aber es scheint uns so viel mehr zu erfüllen, weil es darum geht, etwas für uns und unsere Kinder aufzubauen – etwas Echtes –, statt kurzfristige Ziele zu verfolgen. Das bedeutet uns viel mehr als ein Titel oder eine Position.

Gibt es Momente, in denen ihr die Entscheidung bereut?
Ja, täglich. Wenn alle Wasservorräte gefroren sind, Adler unsere Hühner angreifen, Ziegen ausreißen oder wir die Kinder völlig vom Matsch verdreckt nicht einfach in die heiße Wanne stecken können. Aber selbst wenn uns die Hürden manchmal unüberwindbar erscheinen, gehen wir einfach einen Schritt nach dem nächsten und wachsen daran. >

Gut, dass das Haus schon steht. Tochter Isla nutzt die Entwürfe kurzerhand als Malvorlage

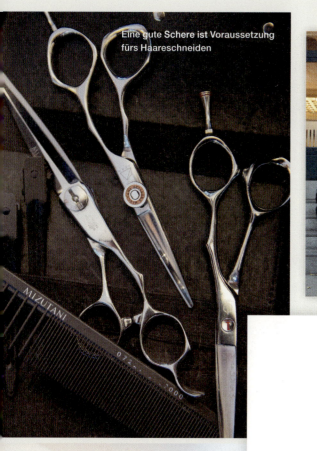

Eine gute Schere ist Voraussetzung fürs Haareschneiden

„Unsere Haare können wir nicht wechseln wie einen Pullover, deshalb sind sie uns so wichtig", sagt Martin

Martin Max

✶ 46 JAHRE 🏠 LEBT IN HAMBURG ❤ MIT SEINER FRAU UND ZWEI KINDERN ✂ FRISEUR ↗ MARTINMAX.DE

Was machst du gerade?
Ich möchte meinen Laden und mein Team vergrößern und arbeite gerade an einem Konzept dafür. Ich wünsche mir mehr Raum für kreativen Austausch, für Seminare und Weiterbildung.

Wie bist du zu deinem Beruf gekommen?
Ich wollte etwas machen, bei dem ich meine kreative Seite ausleben kann. Als Kind war ich oft im Friseursalon meiner Mutter. Die besondere Atmosphäre dort mit den beschlagenen Fenstern und dem Geruch nach Dauerwelle und Haarfarbe habe ich geliebt. Der Beruf gefiel mir, also entschied ich mich für eine Ausbildung als Friseur.

Hat deine Mutter dir das Haareschneiden beigebracht?
Als Teenager hat sie mir Schnitte gezeigt, die sie selbst in den 60er-Jahren gelernt hat. Als die Mode dann in meiner Jugend wieder aufkam, konnte ich meinen Freunden dank ihrer Tricks die Haare machen. Das professionelle Schneiden habe ich später in meiner Ausbildung gelernt.

Stimmt es, dass man als Friseur persönliche Dinge über seine Kunden erfährt?
Viele meiner Kunden kommen schon seit Jahren zu mir, und irgendwann wird es dann oft auch persönlich, ja. Wer kommt uns sonst so nah und hat gleichzeitig so viel Zeit, sich mit uns zu unterhalten? Der Friseur berührt dich, schneidet dir eine Stunde lang die Haare, und dazu muss man ihm ein Stück weit vertrauen können. Wenn man dann gerade etwas erlebt hat, das einen mitnimmt oder beschäftigt, spricht man vielleicht auch darüber.

Wie gehst du damit um?
Es macht mir Spaß, in solchen Gesprächen über Job, Partner oder Familie eine Beratungsfunktion zu übernehmen, auch auf einer persönlichen Ebene. Ich dränge mich aber nie auf. In erster Linie geht es mir darum, so offen wie möglich auf jeden Menschen zuzugehen und eine Vision für eine Frisur zu entwickeln. Dafür muss ich den Menschen nicht nur ansehen, sondern ihn wirklich sehen und etwas finden, das zu ihm passt. ●

VERGEBEN BRAUCHT ZEIT

Anderen zu verzeihen gelingt nicht auf Knopfdruck, es erfordert Zeit und Mühe. Warum es sich trotzdem lohnt – und gerade auch für uns selbst wichtig ist

Vor einer Weile verbrachte ich einen Abend mit einer guten Freundin, und wir unterhielten uns bei einem Glas Wein über die Dinge, die uns in jüngster Zeit bewegten. Ein Paar, das wir beide kennen, hatte sich gerade getrennt, der Grund war wohl ein Seitensprung. Meine Freundin erzählte mir daraufhin, dass ihr Partner sie in der Vergangenheit ebenfalls mal betrogen hatte, lange bevor ich die beiden kennenlernte. Ich war völlig überrascht. Sie machten so einen glücklichen Eindruck, lachten viel miteinander und teilten die gleichen Träume. Gerade hatten sie sich ein sanierungsbedürftiges Haus auf dem Land gekauft, ein Projekt, das sie nur als Team stemmen konnten. Dass es in ihrer Beziehung ein dunkleres Kapitel gab, hielt ich nicht für möglich, denn davon schien nie etwas durch. Wie hatte meine Freundin so unbeschwert mit dem Vertrauensbruch umgehen können? Diese Frage beschäftigte mich, und ich suchte nach einer Antwort.

„So ask yourself now: Can you forgive her if she begs you to", heißt es in einem Song der Pet Shop Boys, „or do you want revenge?" – Kannst du tatsächlich verzeihen, oder willst du Rache? Verzeihen beinhaltet, dass man jemandem sein fehlerhaftes Verhalten nicht mehr übelnimmt. Indem man dem anderen vergibt, kann man wieder miteinander am Tisch sitzen, ohne durch negative Gefühle belastet zu werden. Ich habe im Laufe der Jahre häufiger anderen vergeben, ebenso wie ich einige Dinge gesagt und getan habe, von denen ich froh bin, dass sie mir verziehen wurden. Gute Beziehungen zu Verwandten, Freunden, Kollegen und Nachbarn: Sie gelingen nicht, ohne dass man einander Fehler vergibt. Sieht man einmal genau hin, steckt der Alltag voller Momente, in denen wir anderen wehtun, versehentlich oder absichtlich.

Dafür ist auch der wunderbare Film *Boyhood* von Richard Linklater ein gutes Beispiel. Er begleitet den Jungen Mason beim Heranwachsen, von seinem sechsten Lebensjahr bis zum Ende seiner Schulzeit. Mason hat oft unter seinen getrennt lebenden Eltern und ihren manchmal falschen Entscheidungen zu leiden. Viele Umzüge und ein alkoholabhängiger Stiefvater prägen seine Kindheit. Trotzdem steht Mason loyal zu seinen Eltern. Er akzeptiert sie so, wie sie sind. Als sein leiblicher Vater nach langer Abwesenheit plötzlich vor der Tür steht, schließt er ihn einfach wieder in die Arme.

Laut der Philosophin Hannah Arendt, die 1941 vor den Nazis in die USA flüchtete, ist Vergebung Teil unseres Menschseins. Es macht schlimme Geschehnisse nicht ungeschehen, sorgt aber dafür, dass wir weiterleben können – und zwar sowohl, wenn wir etwas Verletzendes getan haben, als auch, wenn wir verletzt wurden. Ohne Vergebung für unsere Taten würden wir uns in der gleichen Situation befinden wie der Zauberlehrling im gleichnamigen Gedicht von Goethe, der den Zauberspruch vergessen hatte, mit dem er das Heraufbeschworene wieder beenden konnte, schreibt sie in ihrem Buch *Vita activa*. Und auch das Umgekehrte gilt: Wenn wir mit den Dingen nicht ins Reine kommen, die uns Leid und Kummer verursacht haben, werden sie uns ewig verfolgen. Verzeihen ist deshalb nicht nur ein heilender Schritt in der Beziehung mit demjenigen, der einem Leid angetan hat. Es ist auch ein Akt der Güte sich selbst gegenüber.

WIE VERZEIHEN GELINGT

Der ehemalige südafrikanische Erzbischof Desmond Tutu sagt, alle menschlichen Taten, wie schlimm auch immer, >

Feel connected
Beziehung

Verzeihen ist nicht nur für die Beziehung zum anderen heilsam – Hannah Arendt nennt es auch einen Akt der Güte sich selbst gegenüber

„Vergebung bedeutet anzuerkennen, dass meine Würde mit deiner verbunden ist und jede schlimme Tat uns alle verletzt."

Desmond und Mpho Tutu

könnten vergeben werden. Zusammen mit seiner Tochter Mpho schrieb er *Das Buch des Vergebens,* und darin gliedern sie den Weg des Vergebens in vier Phasen: Seine Geschichte erzählen, seinen Schmerz benennen, Vergebung schenken und die Beziehung neu definieren. Man könne nicht einfach sagen „Schwamm drüber". Es ist ein Prozess, der manchmal schwerfällt, weil einem bestimmte Worte und Ereignisse ständig wieder durch den Kopf spuken. Es könne mehrere Durchgänge durch die Zyklen des Erinnerns und Kummers erfordern, bevor man aufrichtig verzeihen und damit frei sein könne, schreiben Vater und Tochter Tutu. Wichtig dabei ist der südafrikanische Begriff „ubuntu": die Vorstellung, dass man nur in Beziehung zu anderen Menschen Mensch sei. „Den Weg der Vergebung zu gehen bedeutet, anzuerkennen, dass meine Würde verbunden ist mit deiner Würde und dass jede schlimme Tat uns alle verletzt", schreiben sie.

KEINE GRENZEN

Das Bewusstsein, dass wir miteinander verbunden sind, lässt den Menschen manchmal über sich selbst hinauswachsen. Nelson Mandela verließ das Gefängnis nach 27 Jahren Haft und vergab den Verantwortlichen seiner Gefangenschaft. Statt Rache und Vergeltung für die Verbrechen während der Apartheid zu fordern, setzte er sich in Südafrika für Versöhnung ein und erhielt den Friedensnobelpreis. Eine weitere Größe im Verzeihen war die junge Jüdin Etty Hillesum, die 1943 in Auschwitz starb. Ihr Tagebuch zeugt von Mitgefühl für ihre Peiniger. „Es gibt keine Grenzen zwischen den leidenden Menschen, beiderseits aller Grenzen wird gelitten, und man muss für alle beten", schrieb sie am 3. Juli 1942. Sie betrachtet ihre Feinde als Menschen, die durch die Zwänge der Situation und ihre eigene Schwäche selbst zu Opfern wurden.

Was mich angeht, so muss ich zugeben, dass das Loslassen nicht gerade meine Stärke ist, und manchmal fällt es mir über längere Zeit schwer, anderen zu verzeihen. Der Liedermacher Klaus Hoffmann thematisiert in seinem Stück *Kann nicht verzeihen* dieselbe Unfähigkeit zum Vergeben. Er singt: „Kann nicht verzeihn, kann es nicht lassen, die Vergangenheit wiegt in mir wie ein Stein. Sie friert mir langsam Herz und Seele ein." Die Fähigkeit zu verzeihen steht und fällt mit der Bereitschaft, Geschehenes loszulassen und die Dinge versöhnlich zu sehen. Leichter fällt das, wenn die Beziehung zu dem anderen als überwiegend positiv empfunden wird und uns im Allgemeinen guttut. Wenn wir durch den Menschen, der uns verletzt hat, Mitgefühl erfahren, stärkt das unser Vertrauen und mindert die Angst vor einer erneuten Verletzung. In manchen Fällen tun wir uns auch schwer damit, unseren Groll beizulegen, weil wir eigentlich auch wütend auf uns selbst sind oder uns schuldig fühlen. Deshalb ist gerade die Fähigkeit, gnädig mit sich selbst zu sein, so wichtig. „Man muss erst lernen, sich seine eigenen schlechten Eigenschaften zu vergeben, wenn man anderen vergeben können will", wie Etty Hillesum am 22. September 1942 in ihr Tagebuch schreibt.

SICH NEU SORTIEREN

Meine Freundin vertraute mir an, dass ihr die Affäre ihres Mannes sehr wohl zugesetzt hatte. Seine Beichte stürzte sie in eine Krise, in der sie über Wochen völlig neben sich stand, alles infrage stellte und eine gemeinsame Zukunft ausschloss. Dennoch war sie bereit, ihm zuzuhören, und durch viele Gespräche und einen behutsamen Umgang konnten sich die beiden nach und nach wieder annähern. Es hat eine Weile gedauert, aber inzwischen ruht diese Episode ihrer Beziehung in der Vergangenheit und löst bei meiner Freundin keine schlechten Gefühle mehr aus. Die Verletzung hat ihr geholfen, ganz bei sich anzukommen und sich neu zu sortieren. Das hat am Ende, so abwegig es klingt, die Beziehung zu ihrem Mann zum Positiven verändert. Sie konnte ihm vergeben. ●

ANZEIGE

Trockene Winternägel?
Frühlingsfit im Handumdrehen.

Die Voraussetzung für schöne Nägel ist intensive Pflege.

Mit der essie Routine für eine vollendete Maniküre pflegen Sie Ihre Fingernägel und schützen den Farblack, denn dank der aufeinander abgestimmten Produkte hält die Farbe besonders lang und wird vor dem Absplittern bewahrt. So können sich Ihre Nägel wieder sehen lassen.

Expertentipp:
Tragen Sie das Nagelhaut-Pflegeöl apricot cuticle oil am Abend auf und lassen Sie es über Nacht einziehen. So wird es nicht durch Händewaschen und Alltagstätigkeiten in seiner Wirkung beeinträchtigt.

„Wie gelingt die perfekte Maniküre?"

1. Nagelhaut-Pflegeöl

Das **apricot cuticle oil** in Nägel und Nagelhaut einmassieren. Es stärkt, pflegt und revitalisiert sofort – für gesund glänzende Nägel und eine geschmeidige Nagelhaut.

2. Unterlack

Eine Schicht **grow stronger** auftragen. Er stärkt die Nägel mit Vitamin E und schützt sie vor Verfärbungen – für gesunde Nägel, die nicht absplittern.

3. Farblack

Wählen Sie aus über 100 Nuancen Ihre essie Lieblingsfarbe – passend zu Ihrem schönsten Frühlings-Look, z. B. **fifth avenue.** Die Farbe in zwei Schichten lackieren: Lassen Sie die erste Schicht gut trocknen, bevor Sie die zweite auftragen.

4. Überlack

Die zweite Farbschicht kurz antrocknen lassen, dann mit dem ultra-schnell trocknenden **good to go** versiegeln. Er schützt die Farbe und schenkt Ihrer Maniküre eine Extraportion Glanz.

Weitere Inspirationen und Pflegetipps finden Sie unter **essie.de**

Feel connected
Lebenslauf

CHARLOTTE LINK

„Ich möchte das Leben stärker spüren, probiere Neues aus"

ALS JUGENDLICHE SCHRIEB SIE IHR ERSTES BUCH, EINEN 800 SEITEN DICKEN HISTORIENROMAN. SEITDEM VERÖFFENTLICHT CHARLOTTE LINK EINEN BESTSELLER NACH DEM ANDEREN – UND ZWEIFELT TROTZDEM IMMER WIEDER AN SICH

Auf dem Arm meines Vaters

Franziska und ich bei unseren Großeltern am Starnberger See

Präsentation meines ersten Krimis, *Schattenspiel*, 1991

Tiere waren schon immer meine große Leidenschaft

Klaus und ich im Sommer 1999, eines unserer ersten Bilder

‹ Beim Arbeiten, 1987

NAME: Charlotte Link
GEBOREN: 1963, Frankfurt
BERUF: Schriftstellerin
Charlotte ist eine der bekanntesten deutschen Autorinnen. Sie schreibt vor allem Kriminalromane und reist für jedes Buch an den Ort des Geschehens. Ihre Bücher verkauften sich allein in Deutschland mehr als 26 Millionen Mal, wurden in zahlreiche Sprachen übersetzt, viele auch verfilmt. In ihrem bisher persönlichsten Buch, *Sechs Jahre*, beschreibt sie den Abschied von ihrer verstorbenen Schwester Franziska. Charlotte lebt mit ihrem Mann, ihrer Tochter und drei Hunden am Stadtrand von Wiesbaden.

Im Sommer 1972 mit Franziska

Ein typisches Foto: ich vor einem Bücherregal

Während einer Lesereise in Hamburg, 1990

VERGANGENHEIT

"ICH HABE MIR SCHON ALS KIND KRIMIS AUSGEDACHT UND SIE NACHGESPIELT. ES KAM VOR, DASS DIE ANDEREN KINDER SICH SO GRUSELTEN, DASS SIE SICH WEIGERTEN WEITERZUSPIELEN"

Meine Kindheit war geprägt von Freiheit und einem liebevollen Umgang in meiner Familie. Ich wuchs zusammen mit meiner Schwester Franziska und unseren Eltern in einer Reihenhaussiedlung in einem Vorort von Frankfurt auf. Dort gab es jede Menge Familien, und wann immer wir auf die Straße gingen, trafen wir auf ein Rudel anderer Kinder. Mein Vater war Richter und kam meist erst am Abend nach Hause, meine Mutter dafür schon gegen Mittag. Sie unterrichtete an einer Schule. Ich erinnere mich, wie sie oft mit riesigen Heftstapeln an ihrem Schreibtisch saß und Aufsätze korrigierte. Neben ihrer Arbeit als Lehrerin war sie Schriftstellerin. Schreiben war dadurch etwas Normales für mich. Mit Franziska hatte ich eine Gefährtin an meiner Seite, mit der ich alles teilte. Sie war nur 14 Monate jünger als ich, und obwohl wir sehr unterschiedlich waren, sie lebensfroh und verspielt, ich eher gewissenhaft und vernünftig, verstanden wir uns blind. Man hielt uns manchmal für Zwillinge, so innig war unser Verhältnis.

Schon damals waren Bücher mein Lebenselixier. Auch meine Eltern lasen viel. Dass Menschen einfach irgendwo saßen und lasen, war mir ein vertrauter Anblick. Wenn ich zum Spielen rausging und gerade wieder irgendein Buch las, das die anderen Kinder nicht kannten, erzählte ich ihnen die Handlung, verteilte die Rollen, und dann spielten wir das ganze Buch unter meiner Regie nach. Tatsächlich habe ich mir bereits damals hin und wieder Krimis ausgedacht. Es kam vor, dass die anderen Kinder sich dabei so gruselten, dass sie sich weigerten weiterzuspielen. Mein erstes Buch verfasste ich mit acht Jahren, es war ein Geschenk für meinen geliebten Großvater. Ich hatte seine Lebensgeschichte aufgeschrieben in einer unsäglichen Schrift und mit vielen Rechtschreibfehlern. Einiges wusste ich über ihn, den Rest erfand ich großzügig.

Ein paar Jahre später bekam ich Lust, einen richtigen Roman zu schreiben. Ich war 16 und hatte gerade was über den Englischen Bürgerkrieg gelesen. Diese Epoche fand ich spannend, also siedelte ich meine Figuren dort an. Beim Schreiben merkte ich aber, dass es ohne Recherche nicht geht. Ich wusste ja im Prinzip nichts über die Zeit. Glücklicherweise ist mein Vater ein leidenschaftlicher Historiker und hat eine große Literatursammlung. Ich musste also nur ins Wohnzimmer gehen und fand dort jede Menge Recherchematerial. Ab und an verließ mich die Motivation, das war ein ganzes Stück Arbeit. Aber die Figuren ließen mich nicht los, also schrieb ich weiter.

Drei Jahre später war mein Buch *Die schöne Helena* fertig. Es war im Sommer 1983, und ich machte gerade Abitur. Ich schickte das auf der Schreibmaschine meines Vaters getippte, 800 Seiten dicke Manuskript per Post an einen Verlag und war neugierig, ob es wohl jemand lesen würde. Gleichzeitig war ich sehr gelassen, für mich hing nichts davon ab. Es war klar, dass ich im Herbst mit einem Jurastudium beginne. Der Verlag meldete sich zu meiner Überraschung schon nach kurzer Zeit, wollte mich kennenlernen und entschied dann tatsächlich, das Buch zu veröffentlichen. Ich fühlte mich wie auf Wolken. Trotzdem ging ich im Herbst wie geplant an die Uni. Ich dachte, vielleicht schaffe ich es, irgendwann noch mal ein Buch zu schreiben, aber fürs Geldverdienen muss ich was Richtiges machen. *Die schöne Helena* wurde ein Erfolg. Der Verlag bot mir daraufhin an, ein zweites Buch zu veröffentlichen, wieder ein Historienroman. Nun war ich in der gleichen Situation wie schon zu Schulzeiten: Ich musste das Studium und das Schreiben gleichzeitig bewältigen, was ganz schön anstrengend war.

Nachdem sich auch mein zweites Buch sehr erfolgreich verkaufte, bekam ich ein Angebot von einem anderen Verlag über drei weitere Bücher. An diesem Punkt wurde mir klar, dass ich mich entscheiden muss. Das Studium und das Schreiben parallel fortzuführen hätte ich nicht geschafft. Ich haderte ein dreiviertel Jahr lang mit der Entscheidung und hatte viele schlaflose Nächte. **Das ist typisch für mich: Ich versuche jede Eventualität bis auf zehn Jahre im Voraus zu durchdenken. Es scheitert natürlich daran, dass man das nicht kann.** Ein guter Freund rettete mich aus diesem Dilemma. Er nahm mich an die Hand, ging mit mir durch Frankfurt und sagte: „Jetzt guck mal, wie viele Anwälte hier überall ihre Kanzlei haben. Willst du dich da einreihen?" Und da wusste ich es plötzlich. Ich verließ die Uni und zog nach München in die Nähe meines Verlags. >

GEGENWART

„DER TOD MEINER SCHWESTER STÜRZTE MICH IN DIE SCHWERSTE KRISE MEINES LEBENS. ICH HABE VERSUCHT, MICH MIT ARBEIT ABZULENKEN, ABER ES GING NICHT"

Inzwischen habe ich mehr als 20 Bücher veröffentlicht. Das Schreiben ist nicht mehr nur ein Vergnügen. Es ist der Beruf, von dem ich lebe, und dadurch hat es sich verändert. Manchmal wünsche ich mir die Leichtigkeit des ersten Buches zurück. Damals bin ich völlig unbefangen damit umgegangen und hatte nichts zu verlieren. Heute mache ich mir schon Gedanken über den Erfolg. Das liegt wohl auch daran, dass ich ein leistungsorientierter Mensch bin und relativ streng mit mir umgehe. Mir selbst fällt das gar nicht so auf, ich kenne es ja nicht anders, aber andere sagen mir das manchmal. Bevor ich mit dem Schreiben eines Buches beginne, recherchiere ich akribisch. Die Figuren in meinen Büchern sind fiktiv, aber die Orte sind alle real. Ich besuche jeden Schauplatz, gleiche Straßennamen, Buslinien und Entfernungen ab. In der Phase des Schreibens setze ich mich morgens gegen 8 Uhr an meinen Computer und arbeite konzentriert bis 16 Uhr. Für ein Buch brauche ich ungefähr 14 Monate, alles ist durchgeplant.

Mein Mann ist der totale Gegenpol. Er ist Deutscher, aber in Italien aufgewachsen, und das hat seine Mentalität entscheidend geprägt. **Als ich Klaus kennenlernte, war ich 35. Ich habe mich damals in seine Leichtigkeit verliebt und wusste: So werde ich nie sein. Aber er hat mir ein bisschen davon abgegeben.** Mit ihm zusammen habe ich plötzlich Dinge unternommen, die ich selbst nie gemacht hätte. Mitten an einem Arbeitstag, als ich eigentlich schreiben wollte, hat er mich mal mit Inlineskates abgeholt, weil so schönes Wetter war. Wir fuhren am Rheinufer entlang, und ich ließ meine Arbeit liegen. Das habe ich vorher noch nie gemacht. Klaus ist Anwalt und hatte sich mit einer eigenen Kanzlei in Wiesbaden niedergelassen, also zog ich zu ihm. Er brachte seinen damals zehn Jahre alten Sohn mit in unsere Beziehung. Wir wollten auch gemeinsame Kinder, aber ich verlor zwei während der Schwangerschaft. Deshalb entschlossen wir uns, ein Kind zu adoptieren. Unsere Tochter war drei Jahre alt, als sie zu uns kam. Sie lebte bis dahin in einem russischen Waisenhaus. Nun waren wir zu viert, und unsere Familie fühlte sich für mich komplett an.

Im Jahr 2006 änderte sich unser Leben schlagartig. Meine Schwester erhielt die Diagnose Darmkrebs, und plötzlich war alles anders. Für uns war klar, dass wir alle, Franziskas Mann, mein Mann, unsere Eltern und unsere Kinder, nun eng zusammenrücken und gemeinsam kämpfen, weil das der einzige Weg ist, vielleicht zu gewinnen. Der starke Zusammenhalt gab uns Kraft. In den Krankenhäusern habe ich immer wieder Menschen beobachtet, die ganz allein sind. Die niemand zu ihren Chemotherapien begleitete oder sie abholte. Die Bedeutung einer Familie ist mir dadurch sehr bewusst geworden. Gerade in so einer schweren Zeit ist sie von unschätzbarem Wert.

Es folgten sechs Jahre zwischen Bangen und Hoffen, zwischen Krankenhausbett und Wartezimmer. Meine Arbeit war die Insel, auf die ich immer wieder flüchtete. Für das Schreiben braucht man Konzentration, ich kann keinen Krimi schreiben und gleichzeitig über die Krankheit nachdenken. Das waren die einzigen Pausen.

Letztlich half alles nichts. Meine Schwester hat den Kampf gegen den Krebs verloren. Als sie im Februar 2012 starb, war sie 46 Jahre alt. Sie hinterließ zwei Kinder und ihren Mann. Ihr Tod stürzte mich in die schwerste Krise meines Lebens. Ich habe wieder versucht, mich mit Arbeit abzulenken und einen Krimi zu schreiben. Aber es ging überhaupt nicht. Ich fühlte mich innerlich wie tot, hatte schwere Depressionen und brauchte ärztliche Hilfe. Gleichzeitig habe ich gemerkt, dass da irgendetwas anderes geschrieben werden will. Ich traute mich aber nicht, meinem Verlag ein so persönliches Thema anzubieten. Ein guter Freund aus dem Verlag kam dann von selbst auf mich zu und fragte, ob ich die Geschichte meiner Schwester in einem Buch erzählen möchte. Das war anderthalb Jahre nach Franziskas Tod. Es hat mich tief berührt, dass da jemand die Hilfe erkannt hat, die ich mir selbst nicht geben konnte. Am nächsten Morgen begann ich mit dem Schreiben und arbeitete von früh bis spät. Nach fünf Monaten war das Manuskript fertig. *Sechs Jahre* ist ein Buch, von dem ich mir gewünscht hätte, dass es seinen Inhalt gar nicht geben würde. Aber es war mein seelisches Überleben. Vom Schmerz hat es nichts genommen, aber ich bin ihm seitdem nicht mehr so ausgeliefert.

>

Sommer – und ich bin eigentlich immer nur draußen

Gedanken zu meinen Büchern notiere ich noch immer per Hand

Franziskas Tod ist eine Tragödie. Ihre Geschichte aufzuschreiben half mir, mit dem Schmerz umzugehen

Mit Schauspielerin Marie Bäumer, sie spielt in einer meiner Romanverfilmungen die Hauptrolle

Mein aktueller Status: zuversichtlich

2007 wurde ich mit der „Goldenen Feder" ausgezeichnet

Mal ein etwas anderes Bild während einer Fotosession

Meine Tochter und ich in Russland im Februar 2004

Meine Hunde sind Teil der Familie

ZUKUNFT

„ICH FINDE ES SCHÖN, ÄLTER ZU WERDEN UND AUCH SO WAHRGENOMMEN ZU WERDEN"

Seit Franziskas Tod fühlt sich mein Leben anders an. Eine Seite von mir ist immer einsam, auch wenn ich unter vielen Menschen bin. Ich sollte vielleicht loslassen, aber an dem Punkt bin ich noch nicht. Ich kann meinen Frieden damit nicht machen und ihren Tod nicht verstehen. Ich bin froh, dass sie mir sehr lebendig in Erinnerung bleibt. In vielen Situationen weiß ich, was sie mir raten oder sagen würde, und das verblasst nicht, wie man vielleicht denken würde.

Gleichzeitig ist in mir so ein Gefühl von Lebenwollen. Ich möchte das Leben stärker spüren, versuche häufiger, meine Komfortzone zu verlassen, und probiere Dinge aus, vor denen ich eigentlich Angst habe. Mit einer Freundin bin ich vor Kurzem zum Beispiel für ein paar Tage nach Spanien geflogen, um sie dort bei einem Hilfsprojekt ihres Tierschutzvereins zu unterstützen. Eigentlich hätte ich abgesagt. Ich unterstütze den Tierschutz schon seit Langem und habe selbst immer zwei bis drei Hunde zu Hause. Aber vor Ort zu sein mit 180 teilweise schwerst misshandelten Hunden, das Leid zu erleben, die Not, die unbekannte Umgebung. Ich wusste nicht, ob ich das aushalten würde. Dort waren Wasserleitungen verlegt worden, wir haben geholfen, Hütten zu streichen, Hunde spazieren geführt und trotz der schlimmen Umstände vieles verbessert. **Physisch war ich danach völlig erschöpft, aber ich habe so tolle Menschen kennengelernt und hatte das Gefühl, Teil von etwas zu sein. Viel mehr als vorher, als ich nur einen Scheck geschickt habe.**

Es tut mir gut, den Alltag immer wieder mal zu verlassen. Vor allem wenn es mit dem Schreiben nicht klappen will, hilft wirklich nur loslassen. Wir haben ein Haus in Südfrankreich, dort verbringe ich Zeit, wann immer das möglich ist. Wenn ich mit den Hunden am Strand laufe, den Wind und die Weite spüre, tut es meinem Körper gut und bewirkt auch etwas im Kopf. Dort komme ich oft auf neue Ideen, und meine Geschichten entwickeln sich wie von selbst weiter.

Meine Tochter ist gerade 16 geworden und mitten in der Pubertät. An Büchern hat sie nicht besonders viel Interesse, schon gar nicht an meinen, aber wenn sie singt, klingt es so schön, dass man einfach nur zuhört. Sie hat also auch eine künstlerische Ader. An ihr merke ich, wie die Zeit vergeht und dass ich langsam älter werde. Aber damit gehe ich relativ gelassen um. Dadurch, dass ich schon mit 20 als Schriftstellerin bekannt wurde, war ich sehr lange die jüngste Bestsellerautorin Deutschlands. Als sich das irgendwann änderte, war ich froh. Ich finde es schön, älter zu werden und auch so wahrgenommen zu werden.

Seit dem Buch über meine Schwester schreibe ich wieder Kriminalromane. Ich glaube, es ist die Konfrontation der Normalität mit einem Verbrechen, die mich nachhaltig fasziniert. Ich schreibe über ganz normale Menschen, in deren Leben plötzlich etwas Einschneidendes passiert, entweder sind sie Opfer oder Angehöriger eines Opfers oder eines Täters. Der Kontakt mit Verbrechen traumatisiert immer, nicht nur das Opfer, sondern alle, die irgendwie Teil davon sind. Die Fassaden der Menschen brechen dann weg, sie werden nackt, und plötzlich kann man sie sehr klar sehen und zeichnen. Das finde ich unheimlich interessant; um den Gruseleffekt geht es mir gar nicht so sehr.

Wenn ich an die Zukunft denke, merke ich zunehmend, dass ein bis zuletzt durchdachter Plan nicht alles im Leben ist. Mein Buchvertrag reicht über die nächsten zehn Jahre. Das gibt mir Sicherheit, aber ich spüre vor jeder Buchveröffentlichung den Druck und die Erwartungen. Wenn mein Verlag mich in seiner Programmvorschau ankündigt, steht da „Der neue Bestseller von Charlotte Link". Da ist das Buch manchmal noch gar nicht fertig geschrieben. Obwohl ich schon so viele Bücher veröffentlicht habe, bin ich noch immer vor jeder meiner Neuerscheinungen sehr nervös. Ich frage mich manchmal, ob ich nach Ablauf meines Vertrags noch schreiben werde. Ich bin dann 63, und theoretisch könnte ich meinen Beruf noch machen, bis ich 80 bin. Ich verspüre aber den Wunsch, dann anders zu leben als jetzt. Es ist ein Wunsch nach Freiheit, nach einem Leben ohne Druck. Ich möchte die Zwänge abschütteln, äußere wie innere. Könnte ich der 20-jährigen Charlotte einen Rat geben, würde ich ihr sagen: „Nimm das Leben nicht so schwer." Letztlich ist das aber auch heute noch mein großes Thema, und ich arbeite weiter daran. ●

Ein Büchlein fürs
FRÜHSTÜCK

Die erste Mahlzeit für einen guten und ruhigen Start in den Tag zu nutzen — das hatten wir im Sinn, als wir dieses Büchlein erdacht haben

Statt nur hektisch einen Kaffee zu trinken oder beim Müsli schon die To-do-Liste zu füllen, kannst du den Tag auch in Ruhe mit einer Frage beginnen, die nichts mit den Themen und Aufgaben des Tages zu tun hat. Um mal alle anderen Gedanken wegzuschieben, den Kopf mit etwas Neuem zu füllen und vielleicht ein Gespräch mit deinem Gegenüber anzufangen. In unserem Büchlein findest du 78 Fragen, Raum für Notizen und Interessantes zu den Wochentagen. Die schönen Muster und Illustrationen in unserem Extra hat Sanny van Loon gestaltet.

Sie arbeitet eigentlich immer mit Tusche, Aquarell oder Gouache. „Dieses Mal sind die Illustrationen aus verschiedenen Farbebenen aufgebaut: bemalte Stücke Papier, die ich eingescannt und am Computer weiterbearbeitet habe, damit die Bilder schön frisch wirken. Für den Stil und die Farbe habe ich mich von alten Kinderbüchern inspirieren lassen. Das Frühstück ist ein schöner, ruhiger Moment für mich. Ich bin eine Nachteule und arbeite nachts auch am besten. Darum brauche ich eine Weile, um wach zu werden, bei einem ausgedehnten, gesunden Frühstück."

ILLUSTRATION **SANNY VAN LOON**

„Beginne jeden Morgen mit
einem guten Gedanken."

Carl Hilty (1833–1909),
Schweizer Staatsrechtler und Laientheologe

Illustratorin Lieke van der Vorst und ihr Freund Dave Hakkens beim Arbeiten in einem Restaurant in Hampi, Indien

DIE GANZE WELT ALS
ARBEITSPLATZ

Als digitaler Nomade ist dein Laptop dein Büro, heute klappst du es am Strand auf, eine Woche später im Café in einer pulsierenden Großstadt. Wie funktioniert die moderne Arbeitsform, und zu wem passt sie überhaupt?

Fünf Monate im Jahr verbringt Mirjam Polman (51) auf den Kanarischen Inseln oder in Andalusien, wo sie ihr Geld als IT-Beraterin verdient. Sie ist eine sogenannte digitale Nomadin: Für ihre Arbeit braucht sie nichts weiter als ihren Computer und eine gute Internetverbindung. Deshalb kann sie unabhängig von Ort und Zeit von überall auf der Welt arbeiten und ihren Job mit der Lust am Reisen verbinden. „Ich genieße die Freiheit dieser Lebensweise. Natürlich habe ich Deadlines, aber es ist meine Entscheidung, ob ich sie auf High Heels oder in Flipflops erreiche und ob ich meine Daten von meinem Schreibtisch oder vom Strand aus über einen Hotspot versende. Zwischen den vier Wänden eines Büros habe ich es noch nie lange ausgehalten. Auf La Gomera suche ich mir Stellen zum Arbeiten, an denen ich manchmal nichts als das Meer höre und von wo aus ich die schönsten Vögel und Schmetterlinge beobachten kann. Abends wird es dort so dunkel, dass man nur einen Himmel voller Sterne sieht."

Das Leben als Digitalnomade ist keine Erfindung des 21. Jahrhunderts. Schon der kanadische Medientheoretiker Herbert Marshall McLuhan sprach in den 1960er- und 70er-Jahren vom „Global Village" und nomadischen Informationssammlern, die das elektronische Zeitalter hervorbringen wird. Die Entwicklung moderner Technologien und die weltweite Vernetzung machten es möglich, dass die Zahl der Digitalnomaden in den vergangenen Jahren stetig anstieg. Sie arbeiten dort, wo es Internet und Strom für ihre Laptops gibt. Das können öffentliche Orte wie Cafés, Strandbars und Hostels sein oder sogenannte Coworking-Spaces, die es inzwischen überall auf der Welt gibt. Digitalnomaden aus den verschiedensten Branchen finden dort einen Büroplatz auf Zeit, sie tauschen sich untereinander aus und nutzen schnelles WLAN, Drucker, klimatisierte Konferenzräume und Ruhezonen. Einer dieser Coworking-Spaces ist Hubud in dem Ort Ubud auf Bali – der Name steht für „Hub in Ubud". Hier kommen mehrere Hundert Menschen zum gemeinsamen Arbeiten zusammen, statt Businesskleidung tragen sie Shorts und Sandalen.

Dass das Interesse am Leben als digitaler Nomade größer geworden ist, passt in unsere heutige Zeit, findet Marcus Meurer (39). Er hat zusammen mit seiner Partnerin, Felicia Hargarten (35), die Digitale Nomaden Konferenz gegründet, veranstaltet Workshops und >

„NATÜRLICH HABE ICH DEADLINES, ABER ES IST MEINE SACHE, OB ICH SIE AUF HIGH HEELS ODER IN FLIPFLOPS ERREICHE"

Vorträge, berät Einsteiger, vernetzt Digitalnomaden weltweit miteinander und lebt natürlich auch selbst so. Ursprünglich kommt Marcus aus dem Onlinemarketing. Er ist überzeugt: „Das alte Modell der 40-Stunden-Woche, in der man von neun bis fünf im Büro sitzt, ist längst überholt. Die Welt hat sich besonders durch das Internet extrem gewandelt und ist mobiler geworden. Die Arbeitswelt hinkt der Entwicklung noch etwas hinterher. Hinzu kommt, dass sich bei der jüngeren Generation die Werte verschoben haben. Freiheit und Selbstbestimmtheit sind der neue Firmenwagen. Viele wollen sich nicht mehr ihr Leben lang auf einen Job festlegen."

EINE ANDERE ART ZU LEBEN

Esther Jacobs (45) war schon Arbeitsnomadin, bevor der Begriff durch Magazine und Blogger aufgegriffen wurde: „1992 machte ich meinen Abschluss an der Wirtschaftsuniversität Nyenrode. Meine Mitstudenten nahmen gleich im Anschluss ihre Karriere in Angriff, ich dagegen wollte etwas von der Welt sehen. Ich dachte mir: Ich habe zwar kein Geld, aber dafür Zeit, und sobald ich anfange zu arbeiten, habe ich zwar Geld, aber keine Zeit mehr. Meiner Meinung nach kommt man aber leichter an Geld als an Zeit. Zuerst bin ich nach Curaçao gegangen, wo ich vormittags Obstsalat in großen Bürogebäuden verkauft habe. Nachmittags lag ich am Strand. Als die Leute in den Büros erfuhren, dass ich von einer Wirtschaftsuni kam, erhielt ich ein paar Aufträge, zum Beispiel ein Marktforschungsprojekt. Von dem Geld, das ich damit verdiente, konnte ich nach Südamerika reisen, und so gelangte ich von einem Ort zum anderen. In den vergangenen zehn Jahren habe ich mich nirgendwo länger als sechs Wochen aufgehalten. Das Gefühl von Freiheit, das mir dieses Leben schenkt, will ich nie wieder aufgeben."

Illustratorin Lieke van der Vorst (27, bekannt als Liekeland) und ihr Freund Dave Hakkens wussten seit einem Auslandspraktikum, wie inspirierend eine neue Umgebung sein kann. Lieke: „Aus dieser Erfahrung heraus entwickelte sich der Plan, ein halbes Jahr herumzureisen. Inzwischen sind wir schon etwas länger unterwegs. Nur unser erstes Ziel stand fest: die Malediven. Dave beschäftigt sich mit dem Recyceln von Plastik, und die Malediven haben große Probleme mit Plastikmüll. Ein ortsansässiges Resort wollte seine Recyclingmaschinen bauen. Von dort aus sind wir weiter nach Indien gereist, wo wir in Goa in einer Kommune mit Biogemüsegarten, einem eigenen Ausstellungsraum und Baumhäusern wohnten." Lieke sucht auf ihrer Reise nicht nur nach Inspiration für ihre Illustrationen. „Ich sammle auch Anregungen dafür, wie ich später einmal leben will. So außergewöhnlich eine Reise wie diese auch ist, es ist nicht mein Traum, mein ganzes Leben lang umherzuziehen. Es würde mich unglücklich machen, wenn ich meinen Freundeskreis und meine Verwandten nicht oft genug sehen könnte."

Die Software-Entwicklerin Michelle Retzlaff (25) hat durch das ortsungebundene Arbeiten erkannt, wie wichtig Freiheit für sie ist. „Nach etwa zwei Jahren in meinem ersten Vollzeitjob in Berlin wurde mir klar, dass ich mein Leben stärker selbstbestimmt führen möchte. Ich machte erst fünf Monate unbezahlten Urlaub und reiste nach Südostasien, Australien und Neuseeland. Zurück in meinem Alltag, habe ich all meinen Mut zusammengekratzt und Job und Wohnung gekündigt. Ich wollte selbst entscheiden, wann und wo ich arbeite. Das hätte ursprünglich nicht mal unbedingt freiberuflich sein müssen. Mittlerweile liebe ich es aber, meine Projekte auswählen zu können und meinen Ideen freien Lauf zu lassen. Rückblickend haben mich Studium und Job regelrecht ausgebremst – auch wenn sie natürlich die Grundlage für meine heutigen Fähigkeiten sind. Erst seit ich als digitale Nomadin arbeite, habe ich das Gefühl, mich wirklich entfalten zu können." Wenn Michelle anderen von ihrem Lebensentwurf erzählt, begegnet ihr manchmal die Frage, ob digitale Nomaden nicht in erster Linie in der Hängematte liegen und das Leben genießen würden. Ihre Erfahrung ist aber eine andere: „Am Anfang war es schwer, mich zu motivieren und zu entscheiden, welche Aufgaben gerade am wichtigsten sind. Mittlerweile bin ich aber extrem produktiv und konzentriert. Gerade >

1. Mirjam Polman in ihrem Büro mit Aussicht auf La Gomera
2. Lieke und Dave zwischen Bananenbäumen in Hampi, Indien
3. +4. Zeichnungen, die Lieke in Goa angefertigt hat
5. Esther Jacobs kann fast überall arbeiten. Hier hat sie ihre Hängematte in einem kleinen Park in Barcelona aufgehängt
6. Michelle Retzlaff beim Programmieren auf La Gomera

„Ich liebe es, meine Projekte selbst auszuwählen und meinen Ideen freien Lauf lassen zu können", sagt Michelle Retzlaff

Arbeiten von Digitalnomadin Lieke van der Vorst findest du auch ab Seite 118. Sie hat die Illustrationen zum Gemüsegarten und das Saisonposter, das dieser Flow als Papiergeschenk beiliegt, für uns gestaltet

1. Felicia Hargarten lebt mit ihrem Partner Marcus Meurer den Traum vom ortsunabhängigen Arbeiten
2. Die beiden im Hubud, dem ersten Coworking-Space auf Bali

ein neuer Ort weckt immer wieder Motivation und Kreativität in mir. Auch in meinem Freundeskreis beobachte ich, dass die meisten langfristigen digitalen Nomaden sehr fleißig und gewissenhaft arbeiten. Kaum jemand wählt diesen Lebensstil, um sich auf die faule Haut zu legen – fast alle, die ich kenne, wollen ihren Traum vom eigenen Unternehmertum verwirklichen und arbeiten gern hart dafür."

ESTLAND IST VORREITER

Doch wie regelt man das eigentlich mit dem Finanzamt und anderen Behörden, wenn man einen großen Teil des Jahres im Ausland und vielleicht sogar auf verschiedenen Kontinenten verbringt? Viele Länder haben dafür noch keine einheitlichen Bestimmungen und sind schlichtweg überfordert. Und so stehen die Digitalnomaden vor der Frage, wo sie sich und ihre Firma anmelden und in welchem Land sie Steuern zahlen sollen. Estland ist einer der wenigen Staaten, der dafür ein Modell geschaffen hat: Seit 2014 gibt es dort die E-Residency, eine digitale Staatsbürgerschaft. Staatenlose Unternehmer können sie beantragen und auf diese Weise einen Steuerwohnsitz anmelden, ein Konto eröffnen und eine Firma gründen. Marcus Meurer erzählt: „Es gibt viele Modelle und keine Pauschallösung, alle haben Vor- und Nachteile. Bin ich viel auf Reisen, kehre aber immer wieder an einen Wohnort zurück? Vermiete ich meine Wohnung in meiner Abwesenheit? Oder breche ich meine Zelte komplett ab? Manche Nomaden bleiben einfach in Deutschland gemeldet, andere sind nirgends gemeldet, das sind die sogenannten Perpetual Traveler. Hinzu kommt die Frage, in welchem Land die Firma gegründet wird. Manche nutzen das Modell der „Flag-Theorie", bei dem man mehrere Unternehmen mit Bankkonten, Wohnsitzen und sogar Staatsbürgerschaften weltweit führt. Was für wen am besten passt, muss man individuell prüfen."

Marcus ist überzeugt, dass der Wandel des Arbeitslebens seinen Höhepunkt noch nicht erreicht hat. „Wir stehen gerade erst am Anfang. Die traditionellen Firmen mit konventionellen Arbeitsmodellen werden es immer schwerer haben, junge Talente an sich zu binden, wenn sie nichts ändern. Das zeichnet sich schon jetzt ab. Die Welt wird immer globaler und vernetzter, und es wird immer einfacher sein, als Digitalnomade von überall zu arbeiten. Estland beispielsweise macht ja vor, dass es möglich ist. Irgendwann wird diese Form des Arbeitens nicht mehr außergewöhnlich, sondern ganz normal sein."

Mirjam Polman konnte das Organisatorische bisher unkompliziert lösen: „Mein Mann und ich geben immer offiziell Bescheid, wo wir wann wohnen, sodass es keine Probleme mit den Behörden gibt, wenn wir uns im Ausland aufhalten. Wir haben ein Haus gemietet, das wir mit dem Einverständnis unserer Wohnungsbaugenossenschaft untervermieten, wenn wir unterwegs sind." Ganz ohne Hindernisse klappt das Arbeiten aus der Ferne aber auch bei ihr nicht. Mirjam hat erlebt, dass eine Kundin ihre Rechnung einfach in den Papierkorb warf und ignorierte. „Diese Frau wusste gar nicht, dass ich von den Kanaren aus arbeitete. Nachdem sie es erfahren hatte, glaubte sie wohl, ich könne von dort aus nicht so leicht etwas unternehmen, wenn sie mich nicht bezahlt. Aber die meisten Angelegenheiten kann man natürlich auch auf digitalem Weg regeln, und schließlich habe ich ein Inkassounternehmen mit dem Eintreiben des Honorars beauftragt."

ZEICHNEN UNTER PALMEN

Auch Lieke van der Vorst hat die weniger angenehme Seite des ortsungebundenen Arbeitens schon kennen-

„IRGENDWANN WIRD DIESE FORM DES ARBEITENS GANZ NORMAL SEIN"

gelernt. „Anfangs habe ich mir vorgestellt, ewig nur mit einem Skizzenblock unter Palmen zu liegen, aber in Wirklichkeit verbringt man sehr viel Zeit mit seinem großen Rucksack in völlig überfüllten Zügen. Dennoch überwiegen die positiven Erfahrungen. So habe ich inzwischen gelernt, dass es gar nicht schlimm ist, seinem Zuhause Lebewohl zu sagen, seine Sachen irgendwo unterzubringen und nicht zu wissen, wo man wohnen wird, wenn man irgendwann wieder zurückkehrt. Zu meiner Überraschung erlebe ich das als gutes Gefühl, und es bringt meinem Kopf Ruhe. Sowohl unsere Reise als auch unsere Zukunft können sich noch in alle Richtungen entwickeln." ●

WEITERLESEN?
* digitalenomaden.net
* deutschland-zieht-aus.de
* michelleretzlaff.com
* estherjacobs.info
* liekeland.nl
* hubud.org

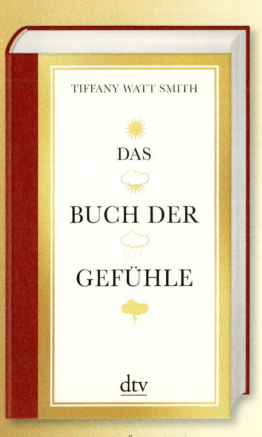

BASOREXIE Das plötzliche Verlangen, jemanden zu küssen

IKTSUARPOK Das zappelige Warten auf Besuch

RINGXIETY Das nervöse Suchen nach dem eigenen Handy, sobald man irgendwo einen Klingelton vernimmt

EINE KURIOSE REISE ZU UNSEREN GEFÜHLEN

AMAE Das Bedürfnis, sich in die Arme eines vertrauten Menschen zu werfen

ABHIMAN Der Schmerz, der aufkommt, wenn wir von Menschen verletzt werden, die wir lieben

Deutsche Erstausgabe Ü: Birgit Brandau
384 Seiten € 22,– Auch als eBook

www.dtv.de **dtv**

AUF DER LANGEN BANK

KOLUMNE

Ich bin zu spät dran. Dieser Text hätte bereits vor drei Tagen abgegeben werden müssen, aber hey, es gibt halt noch viele andere Dinge, die erledigt werden wollen. Etwa eine andere Recherche. Oder endlich die Blumen, die den Winter nicht überlebt haben, vom Balkon entfernen. Als auf einmal die Sonne schien, die ich in den vergangenen Monaten so oft vermisst hatte, musste ich einfach eine Runde durch den Park spazieren. **Deswegen sitze ich jetzt hier, unter Druck, versuche einigermaßen vernünftige Gedanken zu formulieren – und erwische mich gleich wieder dabei, dass ich mich aktiv ablenke.** Kaum habe ich ein paar Zeilen geschrieben, suche ich im Netz nach Konzertkarten, oder mir fällt ein, dass ich dringend einen Tisch in diesem immer viel zu vollen Restaurant reservieren muss. Man könnte meine Konzentrationsfähigkeit neuerdings manchmal mit der einer Dreijährigen vergleichen, arbeiten geht dann nur noch, wenn ich weiß: Ich muss jetzt liefern.

Dabei war ich bisher ein durch und durch organisierter Mensch, der die Sachen lieber zu früh als zu spät erledigt. Aber seit einiger Zeit bemerke ich an mir eine gewisse Nachlässigkeit. Vielleicht habe ich unbewusst erkannt, dass die Welt nicht untergeht, wenn man auch mal was prokrastiniert, wie der Fachbegriff fürs Aufschieben heißt. Was, so lese ich auf der Internetseite der Universität Münster, eine „ernstzunehmende Arbeitsstörung" sein kann. Aber soll ich mal ehrlich sein? Ich fühle mich beim Nichterledigen richtig gut. Ja, ich freue mich regelrecht, dass es mir so wenig ausmacht, wenn ich die Dinge mal nicht effizient abhake, sondern mit Ruhe. Und, das ist für mich tatsächlich etwas Neues, ich vergesse sogar Sachen! Wichtige Sachen. Und selbst das macht mir keine Sorgen.

Das klingt jetzt alles vielleicht ein wenig verspannt und neurotisch – aber vor Kurzem hätte ich tatsächlich schlechte Laune bekommen, wenn ich bemerkt hätte, dass ich fürs Abendbrot kein Brot gekauft habe. Jetzt schaue ich einfach, was wir sonst noch auf den Tisch bringen können – und gut ist. Oder ich versäume, einer Bekannten pünktlich zum Geburtstag zu gratulieren, weshalb ich früher zwei Tage lang ein schlechtes Gewissen gehabt hätte – und es ist mir plötzlich ein wenig egal. Sicher, so was sollte nicht zu oft vorkommen, aber passiert, oder? Andere (vor allem mein Mann), die seit Jahrzehnten eine laxe Haltung ihren Alltagspflichten gegenüber pflegen, finden meine neu entdeckte Lust am Aufschieben und Sich-nicht-drängen-Lassen zwar etwas albern, weil ich mich dabei fast wie ein verliebter Teenie benehme. Insgeheim aber, vermute ich, sind sie einfach nur neidisch. ●

Merle Wuttke (41) war mal Praktikantin beim Fernsehen. Wenn da irgendwas nicht erledigt wurde oder schiefließ, hieß es immer: „Das versendet sich!" Und das gilt letztlich auch fürs Leben

„FREIHEIT BEDEUTET,
DASS MAN NICHT UNBEDINGT
ALLES SO MACHEN MUSS
WIE ANDERE MENSCHEN."

Astrid Lindgren (1907–2002)

LIVE MINDFULLY

Leben im Hier und Jetzt

SOZIALE SEIFE
Händewaschen hilft uns, gesund zu bleiben – und mit Seife von Care2Share unterstützt es auch andere. Das Berliner Start-up spendet für jede verkaufte Flasche 1 Euro an ein soziales Projekt. 300 ml kosten 9,95 Euro, care2share.de

Artenvielfalt auf Papier
„Es fasziniert mich, wie wir Menschen die Natur interpretieren und uns mit ihr verbinden", sagt Illustratorin Kelsey Oseid. Deshalb fasste sie den Vorsatz, jeden Tag ein Tier zu zeichnen. Monat für Monat wählt sie für ihr Projekt *Kelzuki's Animal Kingdom* eine andere Gattung und postet Schmetterlinge, Nagetiere oder Eulen unter @kelzuki auf Instagram. Wie die Tiere aussehen, recherchiert sie im Internet oder in der Bibliothek. Inzwischen füllt Kelsey ganze Wandkarten mit ihren Tieren. 30 x 45 cm, ca. 43 Euro, kelzuki.com

ACHTSAM IN DER KÜCHE
Tainá Guedes eröffnete mit 19 ihr erstes Restaurant, heute betreibt sie die Entretempo Kitchen Gallery in Berlin. Ihr erstes Kochbuch heißt *Die Küche der Achtsamkeit* (Kunstmann, 28 Euro).

Für dich ist beim Kochen die buddhistische Idee des Mottainai zentral. Was bedeutet das? Den Dingen mit Respekt und Dankbarkeit zu begegnen, sie entsprechend zu behandeln und nicht zu verschwenden. Bei mir landet kein Essen im Müll.

Wie machst du das? Ich überlege mir schon vor dem Einkaufen genau, was ich essen möchte – und wie viel ich essen kann. In meinem Buch findet man zudem Rezepte, in denen Reste verarbeitet werden. Mottainai bedeutet aber auch, aufmerksam zu sein beim Kochen und Essen, sich verbunden zu fühlen.

Warum ist dir das Konzept so wichtig? Wie wir essen, hat direkte Auswirkungen auf unsere Welt, durch unsere Ernährung können wir sie ändern. Achtsam zu essen steigert aber auch einfach den Genuss.

Bei Lampenfieber

Gegen feuchte Hände oder Herzrasen vor einer wichtigen Präsentation oder einem Vorstellungsgespräch helfen diese drei kleinen Kniffe:

✻ **Musik laut drehen** Studien haben gezeigt, dass wir uns durch das Hören von basslastiger Musik stärker fühlen.

✻ **An Erfolge denken** Schreib kurz vor deinem Termin eine Situation auf, die du kürzlich gut gemeistert hast, die Erinnerung daran baut dich auf.

✻ **Sich ablenken** Singen, jemandem etwas Amüsantes erzählen oder ein Spiel spielen: Aufregung verfliegt, wenn du bewusst etwas anderes tust.

LESEN UNTER FREIEM HIMMEL

Mit gut bestückten Bücherregalen und gemütlichen Sitzgelegenheiten lädt die Initiative StadtLesen zusammen mit Flow zur Lesetour 2017 ein. Jeder kann in Ruhe stöbern, sich in eine Geschichte vertiefen, über Literatur plaudern oder einer der Autorenlesungen lauschen – und das alles unter freiem Himmel. Die Lesetour läuft bis Oktober, alle Stationen findest du unter stadtlesen.com.

Wal-Heimat

Zwei Drittel der Erde sind mit Wasser bedeckt. Das spanische Bekleidungslabel Twothirds macht sich für den Schutz der Ozeane stark: Es produziert faire, nachhaltige Mode und spendet einen Teil der Erlöse an Meeresprojekte. Sweatshirt „Hainan" ab 62,40 Euro, twothirds.com

SIEGEL VERSTEHEN

Nachhaltigkeit ist den Deutschen beim Einkaufen wichtig, das ergab gerade wieder eine Studie des Verbraucherzentrale Bundesverbands. Doch oft fällt es schwer, sich im Dschungel der Gütesiegel zu orientieren. Die Website siegelklarheit.de hilft weiter: Sie stellt gängige Produktsiegel vor und stuft ihre Aussagekraft ein. Unterwegs hilft die kostenlose App für iOS und Android weiter.

KURZ MAL BEI MIR

Ja, meditieren tut gut, aber es ist gar nicht so leicht, es auch regelmäßig zu praktizieren. Die App *7Mind* bietet geführte Einheiten, die jeweils nur sieben Minuten dauern und den Einstieg ganz einfach machen. Flow-Redaktionsleiterin Tanja hat sie getestet: „Es ist erstaunlich, wie gut man in so kurzer Zeit abtauchen kann und wie viel man mitnimmt." Mitentwickelt wurde die App von dem Kommunikationsexperten und Zenlehrer Paul J. Kohtes. Kostenlos gibt es sieben Grundlagenmeditationen, selbst einstellbare freie Meditationen und kleine Achtsamkeitsimpulse, für weiterführende Kurse zu Themen wie Stress, Schlaf, Kreativität oder Beziehung zahlt man 8,99 Euro pro Monat. 7mind.de

TEXT SARAH ERDMANN FOTO PLAINPICTURE, STOCKSY ILLUSTRATION KELSEY OSEID

ALLE FOTOS WEG – ist das schlimm?

Bilder ausdrucken und einkleben, das stand schon lange auf Jocelyn de Kwants To-do-Liste. Dann wurde ihre externe Festplatte gestohlen, und alle Aufnahmen aus den ersten Lebensjahren ihrer Kinder waren weg. Es gab zunächst Tränen, aber unsere Autorin hat dadurch auch ein paar schöne Einsichten gewonnen

Live mindfully

Einsicht

Es war fast, als hätten wir eine Todesnachricht erhalten. So haben mein Mann und ich geheult, als wir merkten, dass sein Laptop gestohlen worden war. Oder eigentlich: dass die externe Festplatte mit all unseren Fotos der letzten fünf Jahre weg war. Fünf Jahre, in denen wir zwei Kinder bekommen hatten. Also alle Babyfotos. Das erste Lächeln. Die ersten Schritte. Alle Urlaube. Unsere Hochzeitsreise. Nachdem der erste Schock verwunden war, saßen wir auf dem Sofa und starrten ins Leere, bis einer von uns sagte: Oh nein, auch unser erster Urlaub mit dem Campingbus! Und auch alle Filmaufnahmen! Da kamen uns schon wieder die Tränen.

Dann haben wir uns Vorwürfe gemacht. Warum haben wir die Festplatte in dieselbe Tasche gesteckt wie den Laptop? Und wie dumm, die Tasche auf der Straße stehen zu lassen. Aber so was passiert nun mal: Ein Kind weint, das Telefon klingelt, du suchst die Schlüssel in deiner Jacke, und die Tasche bleibt auf dem Bürgersteig stehen, während du ins Haus gehst.

VERBORGENE SCHÄTZE
Die Fotos sind nicht wirklich weg, dachte ich noch. Vielleicht gibt jemand die Tasche ab. In der Hoffnung auf einen ehrlichen Finder habe ich überall im Viertel Zettel aufgehängt. Aber keiner meldete sich. Ich habe mit jedem über das Thema gesprochen und immer die gleichen Reaktionen bekommen („Oh nein, alle Kinderfotos?"). Jeder fand es schlimm. Bis auf eine Freundin, die mit den Schultern zuckte und sagte: „Ach, ich finde Fotos nicht so wichtig." Noch nachts im Bett habe ich mich über diese Bemerkung aufgeregt: Für wen sind Fotos denn wohl nicht wichtig? Und wie leicht sagt sich so was, wenn man seine nicht verloren hat.

Ich hätte mich selbst ohrfeigen können. Bergeweise Fotos, aber kaum welche eingeklebt! Ich habe halb volle Alben aus der Babyzeit, außerdem liegen noch irgendwo ein paar Abzüge herum, aber das war es dann auch. Es stand schon Jahre auf meiner To-do-Liste: Fotos einkleben. Oder notfalls ein Fotobuch zusammenstellen. Auch sonst bin ich ziemlich nachlässig mit meinen Bildern umgegangen. Ich habe mir manche nach dem Knipsen nicht einmal mehr angesehen.

Die Fotos, die ich noch in alten Notizbüchern, Kalendern oder Stapeln von Ansichtskarten fand, hätte ich knutschen können. Über alle, die mir noch in die Hände fielen, war ich überglücklich. Und es waren gar nicht mal so wenige. Es gab nämlich auch noch Bilder in meinen Mails; einige davon hatte ich nicht einmal heruntergeladen. Wie Sherlock Holmes ging ich mein Postfach durch, auf der Suche nach verborgenen Schätzen. Dann sandte ich allen meinen Freunden und Verwandten eine Mail und bat sie, ihre Ordner nach Fotos von uns zu durchsuchen. In den darauffolgenden Tagen lief mein Posteingang voll. Viele der Aufnahmen hatte ich noch nie gesehen. Es stellte sich heraus, dass mein >

WARUM MACHEN WIR SO VIELE FOTOS?

Es gibt verschiedene Erklärungen, warum wir ständig die Kamera zücken. Eine ist, dass Sammeln ein Urinstinkt ist. „Von unserer biologischen Entwicklung haben wir mit der modernen Technologie nicht Schritt gehalten", erläutert Kulturanthropologin Els Jacobs. „Das Hamsterverhalten und der Sammeldrang stecken in unseren Genen." Machst du aber jeden Monat 100 Fotos, hast du in zwölf Jahren 12 000. Und die frischen noch nicht einmal die Erinnerung auf, wie im *Buch des Vergessens* von Douwe Draaisma, Professor für Theorie und Geschichte der Psychologie, steht. Vielmehr ist es umgekehrt: „Ein Foto braucht Erinnerungen, um wirklich eine Vorstellung hervorbringen zu können. Häufig schiebt sich das Bild des Fotos vor die wahre frühere Erscheinung von alten Freunden oder Verstorbenen."

Eine praktische App zum Ausdrucken von Fotos im Stil alter Polaroid-Abzüge ist Printic (gratis im App Store und bei Google Play)

„DIE FOTOS, DIE ICH NOCH IN ALTEN NOTIZBÜCHERN ODER IN STAPELN VON ANSICHTSKARTEN GEFUNDEN HABE, HÄTTE ICH KNUTSCHEN KÖNNEN"

Vater die Bilder, die er von mir bekommt, immer sorgfältig in Ordnern ablegt – heldenhaft. Irgendwo fand ich noch einen alten Dropbox-Link, schon wieder ein paar Bilder mehr. Auch auf Facebook war noch einiges zu finden, obwohl ich nie viel geteilt habe. Insgesamt kam dann doch recht viel zusammen!

DIESES EINE BILD
Dennoch waren viele Fotos und Filme definitiv verloren. Anfangs fand ich das sehr schlimm. Nach einer Weile fiel mir aber auf, dass ich die meisten von ihnen nicht wirklich vermisste. Es waren nur wenige Bilder, die ich noch in Erinnerung hatte und unbedingt wiederhaben wollte. Und die meisten hatte ich irgendwann mal an jemanden weitergeleitet. Als ich sie aufgespürt und gesichert hatte, war ich wieder froh. Allmählich begann ich sogar, eine Art von Erleichterung zu spüren. Während ich früher das Einkleben immer wieder aufgeschoben hatte, weil noch nicht alles ausgedruckt war, konnte ich nun beruhigt zu Werke gehen: Unvollständig war das Album von vornherein. Die Menge der Bilder aus den vergangenen fünf Jahren war plötzlich sehr übersichtlich geworden, irgendwie angenehm. Übrigens: Insgesamt hatte ich aus der ganzen Zeit schon wieder mehr Fotos zusammengesammelt, als meine Oma von ihrem ganzen Leben besaß. Schön war auch, dass sie plötzlich viel wertvoller für mich waren. Ich sah sie mir nun auch viel aufmerksamer an. Ein Bild kann doch so viel sagen. Eigentlich ist oft ein einziges Foto von einem Ereignis viel schöner als zwanzig Stück. Während du dieses eine anschaust, fängst du an, in deiner Erinnerung und deiner Fantasie die Lücken zu füllen. Auf diese Weise wurde Fotosanschauen für mich zu einem ganz neuen, viel intensiveren Erlebnis.

ERINNERUNGEN SCHAFFEN
Und dann beschlich mich allmählich ein merkwürdiges Gefühl. Ich fragte mich: Warum hatte ich eigentlich bei jeder Gelegenheit die Kamera gezückt, obwohl ich offenbar leicht auf das Ergebnis verzichten kann? Wie oft hat meine Tochter nur die Rückseite meines Smartphones gesehen und nicht meinen stolzen Blick? Wie viele schöne Momente habe ich verpasst, weil ich damit beschäftigt war, die nicht gelungenen Bilder von der vollen Speicherkarte zu löschen? Beim Fotografieren habe ich mich jedes Mal dem Moment entzogen und mich selbst zur Zuschauerin gemacht. Das ist doch schade.

Inzwischen sind wir ein gutes Jahr weiter. Rückblickend hat uns der Verlust unserer Festplatte die Augen geöffnet. „Life is what happens while you're busy taking pictures" – so wie in dem abgewandelten John-Lennon-Zitat soll es mir nicht mehr gehen. Ich fotografiere viel weniger. Wenn ich den Reflex verspüre, meine Kamera zu zücken, halte ich erst mal inne, schaue einfach nur, fühle, höre, nehme teil. Und so schaffe ich eine schöne Erinnerung, anstatt ein Erlebnis sofort auf ein zweidimensionales Bild zu reduzieren. ●

TIPPS FÜR DAS AUFBEWAHREN

* Speichere deine Fotos sofort auf einem Cloudserver, der über das Internet von überall zugänglich ist. Findest du die iCloud von Apple zu kompliziert? Dann installiere Dropbox, das Programm ist benutzerfreundlicher.

* Gib jedem Ordner einen eindeutigen Namen, am besten nach einem bestimmten System. Zum Beispiel Jahr_Monat_Thema: 2015_08_Urlaub. So werden alle Ordner automatisch chronologisch geordnet. Beim Sortieren kannst du auch gleich Fotos löschen. Falls dir das schwerfällt, lege sie erst mal in einen Ordner, den du vorläufig aufbewahrst. Mit der Funktionstaste F2 lässt sich der Name eines Ordners oder einer Datei bequem ändern.

* Vertraue nicht auf Digitalfotos. Laut Perry R. Cook, Computerwissenschaftler an der Universität Princeton, musst du davon ausgehen, dass Festplatten und externe Datenträger kaputtgehen können. Speicherst du Fotos in einer Cloud, bedeutet das faktisch, dass du dein Eigentum in der Garage eines anderen abstellst. Du kannst nicht sicher sein, dass du immer darankommst, sie kann auch aufgebrochen werden. Was du keinesfalls verlieren willst, musst du ausdrucken oder vervielfältigen, meint Perry: „Es mag überholt wirken, aber es ist unbedingt sinnvoll."

HELD SEIN LOHNT SICH

Wer sich wie ein Held fühlt, ist tatsächlich stärker. Das konnte Gerd Folkers, Professor für pharmazeutische Chemie an der Eidgenössischen Technischen Hochschule in Zürich, nachweisen

Sie baten Studienteilnehmer, als Held eine Prinzessin zu retten. Wozu?
Wir wollten untersuchen, welchen Einfluss die Psyche darauf hat, wie wir unangenehme Empfindungen verarbeiten. Die Idee war, die Teilnehmer gedanklich in eine positive oder negative Stimmung zu bringen und sie dann mit einer unangenehmen Empfindung zu konfrontieren. Der Held ist ja per se stark und aktiv. Doch als zweite Figur ersannen wir einen unsicheren, verzagten Retter. Beide sollten die Prinzessin befreien. Als unangenehme Empfindung wählten wir Schmerz. Einfach weil man Schmerzen gut im Experiment erzeugen und messen kann. Der Aufbau der Studie hat viele amüsiert.

Sie haben den Leuten im Experiment reale Schmerzen zugefügt?
Ja, denn Schmerz ist ganz klar ein unangenehmes Gefühl. Wir haben ein Gerät, das Hitze per Elektrode auf die Innenseite des Unterarms leitet. Das kann ordentlich zwicken, aber man kann sich nicht ernsthaft verletzen. Bei 52 Grad Celsius schaltet sich das Gerät ab. Die Hitze lässt sich außerdem in Zehntelgraden steigern, also in sehr feinen Schritten. So kann man exakt untersuchen, wie viel negative Empfindungen der Proband erträgt.

Wie sah das Experiment dann genau aus?
Wir lasen den Studienteilnehmern eine Geschichte vor und baten sie, sich mit den Charakteren zu identifizieren. Es waren alles erfahrene Rollenspieler, deshalb konnten sie das sehr gut. Im ersten Durchlauf waren sie der Held und sollten eine Prinzessin aus den Fängen eines Widersachers befreien. Dieser bietet ihnen an, die Prinzessin freizugeben, wenn sie dafür bereit sind, zu leiden. Dieses Leiden war nun real. Mit der Hitze-Elektrode wurde der Held so lange gepiesackt, bis er Stopp sagte, weil es ihm zu schmerzhaft wurde. Nach einer Pause kam ein zweiter Durchlauf: Diesmal versetzten sich die Spieler in die Rolle des verzagten Helden. Wieder mussten sie Hitze-Impulse ertragen und sagten erst Stopp, wenn sie es unerträglich fanden. Jetzt konnten wir vergleichen, ob die Rolle einen Einfluss auf das Schmerzempfinden hat.

Und was kam dabei heraus?
In der Rolle des Helden hielten die Teilnehmer viel mehr Hitze aus. Im Schnitt fanden sie zwei Grad Hitze mehr erträglich als in der Rolle des Verzagten. Und das galt für Männer und Frauen gleichermaßen, obwohl Letztere grundsätzlich schmerzempfindlicher sind. Das ist enorm. Denn wir reden hier vom Mittelwert! Im Einzelnen dürfte der Unterschied durchaus auch mal vier Grad betragen haben. Zusätzlich fragten wir die Studienteilnehmer, wie sie die Intensität des Schmerzes empfunden hatten. Das Ergebnis war eindeutig: In der Rolle des Helden konnten sie Schmerzreize viel besser wegstecken als in der Rolle des Verzagten. Der gleiche Schmerz tat nicht so weh.

Wie kann das sein?
Dazu muss man wissen: Schmerz entsteht nicht dort, wo man sich wehtut, sondern im Gehirn. Das ist ein komplizierter Prozess, und offensichtlich spielen bei

Live mindfully

Forschung

der Verarbeitung der Reize unsere Gefühle eine große Rolle. Das heißt, wie weh einem etwas tut, ist sehr subjektiv – und man kann das auch aktiv beeinflussen.

Was ist als Held anders?
In der Rolle des Helden fühle ich mich positiv gestimmt und sehe einen Sinn in meinem Tun – und auch meinem Leiden. Offensichtlich sorgen diese positiven Emotionen dafür, dass man Schmerzen als weniger stark oder gar bedrohlich empfindet. Entscheidend für diesen Effekt ist das Wechselspiel zwischen positiven Emotionen und Endorphinen im Gehirn: Erzeugt man beim Menschen positive Gefühle, schüttet der Körper Opioide aus. Diese sogenannten Endorphine oder Glückshormone blockieren das Weiterleiten von Schmerzsignalen in das Gehirn. Dadurch erhöht sich die Schmerztoleranz.

Wie waren die Reaktionen auf Ihr Experiment?
Das Zusammenspiel von körperlichen und psychischen Vorgängen ist beim Schmerz noch nicht ausgiebig erforscht. Unser Experiment fand deshalb viel Beachtung, wir gewannen sogar einen Preis damit. Wenn man die Ergebnisse weiterdenkt, könnten sie etwa für die Medizin relevant werden: Wenn positive Gefühle bewirken, dass Schmerzen nachlassen, ist das hochinteressant für die Behandlung von Menschen, die an Schmerzen leiden. Man könnte sich zum Beispiel vorstellen, dass Schmerzpatienten davon profitieren, wenn man es schafft, sie in positive Stimmung zu versetzen. Vielleicht bräuchten sie dann weniger Schmerzmittel.

Kann man die Ergebnisse auch auf andere Schmerzen übertragen, zum Beispiel auf seelische?
Ja. Wir wissen heute, dass jeder Schmerz, egal ob es ein seelischer oder körperlicher ist, im Gehirn ähnliche Mechanismen anspricht. Auch Enttäuschung, Liebeskummer, Verlust oder Scheitern lösen deshalb tatsächlich Schmerzen aus. Sogar wenn man das Gefühl hat, dass man seinen Tag nicht so gestalten kann, wie man es möchte, wenn also die Autonomie eingeschränkt ist, kann das eine schmerzliche Empfindung sein.

Das ist spannend ...
Ja, denn viele Menschen fühlen sich heute sehr belastet. Ich denke, hier spielen ähnliche Mechanismen eine Rolle wie in unserem Experiment. Viele erleben ihren Alltag als fremdgesteuert. Sie spüren, dass sie nicht mehr Herr ihres Kalenders sind, viel häufiger reagieren, als selbst zu entscheiden, sie können nicht raus aus ihrem Korsett. Unser Experiment zeigt, wie wir auch solchen Situationen günstig begegnen können. Denn eine positive Grundhaltung gibt einem Motivation und auch eine gewisse Leidensfähigkeit. Wenn ich dagegen die Haltung des Verzagten einnehme, werde ich die Situation immer als schwieriger, stärker belastend und vielleicht sogar unerträglich empfinden und früher aufgeben. ●

MEHR LESEN

Amrei Wittwer, Gerd Folkers: *Schmerz* (Hirzel). Eine Mischung aus Erzählung und Sachbuch über das Zusammenspiel von Emotionen und Schmerzempfinden

TEXT CAROLA KLEINSCHMIDT ILLUSTRATION GRETAS SCHWESTER

FLOW IM ABO

8 Ausgaben

Portofreie Lieferung

FLOW-EXTRAS
Alle kreativen Papiergeschenke doppelt erhalten!

Mein leben ist im flow.

flow
verschönert dir den Tag.

KREATIVE IDEEN & TIPPS ✶ INSPIRATIONEN ✶ ILLUSTRATIONEN

8 AUSGABEN IMMER PÜNKTLICH UND PORTOFREI LESEN

FÜR NUR 55,60 € ✶ HIGHLIGHT: DIESE SCHÖNEN EXTRAS

ERWARTEN DICH IN DOPPELTER AUSFÜHRUNG:

2x PAPIER-EXTRAS

Jetzt bestellen unter:
WWW.FLOW-MAGAZIN.DE/ABO

(040) 55 55 78 00

Flow erscheint im Verlag G+J Food & Living GmbH & Co. KG, Am Baumwall 11, 20459 Hamburg. Handelsregister: AG Hamburg, HRA 120293. Vertrieb: Belieferung, Betreuung und Inkasso erfolgen durch DPV Deutscher Pressevertrieb GmbH, Nils Oberschelp (Vorsitz), Christina Dohmann, Dr. Michael Rathje, Am Sandtorkai 74, 20457 Hamburg, als leistender Unternehmer. Handelsregister: AG Hamburg, HRB 95752.

Bei telefonischer Bestellung immer die Bestellnummer angeben:

Selbst lesen 157 4185
Verschenken 157 4186

Kontrolle ist gut, Vertrauen ist besser

Live mindfully

Zeitgeist

WER PROBLEME HAT, WILL DIESE OFT SCHNELL LOSWERDEN. ABER FÜR MANCHES GIBT ES VIELLEICHT EINFACH KEINE LÖSUNG. DER PSYCHOTHERAPEUT UND AUTOR MATTHIAS WENGENROTH IST DER MEINUNG, ES WÜRDE UNS STÄRKEN, WENN WIR DINGE AKZEPTIEREN, DIE WIR NICHT ÄNDERN KÖNNEN

Herr Wengenroth, in Ihren Büchern erklären Sie, wie wir uns in Akzeptanz üben können. Haben wir verlernt, Dinge so zu nehmen, wie sie sind?
In den vergangenen Jahrzehnten und Jahrhunderten haben wir in vielen Bereichen ungeheure Fortschritte gemacht. Die Gesellschaft hat sich demokratisiert, im technischen und medizinischen Sektor ist sehr viel passiert. Wir können mit dem Flugzeug um die Welt fliegen, todbringende Krankheiten lindern oder heilen, können eine Bibliothek auf einem Minichip herumtragen. Wir haben unzählige Probleme gelöst, scheinbar unüberwindbare Grenzen überschritten. Dadurch hat sich in unseren Köpfen die Idee festgesetzt, dass es für jede Schwierigkeit eine Lösung gibt. Der Gedanke, dass man manches nicht ändern kann, ist uns schlicht fremd geworden. Und das kommt uns entgegen: Niemand sieht gern der Tatsache ins Auge, dass es schmerzhafte und belastende Dinge gibt, die ihn lebenslang begleiten. Dagegen kämpfen wir an.

Aber ist es nicht positiv, Missstände bekämpfen zu wollen?
Natürlich. Ich bin auch nicht der Meinung, dass wir ab jetzt zum Beispiel politische Schieflagen oder Ungerechtigkeiten akzeptieren sollten. Doch wir haben den allgemeinen Fortschrittsglauben komplett auf unsere innere, psychische Welt übertragen. Wir sind heute überzeugt, dass wir ungute Gefühle wie Angst oder Wut, Sorgen sowie auch die meisten körperlichen Beschwerden überwinden können. Und hier setzt die Akzeptanz- und Commitment-Therapie an, kurz ACT. Sie wurde von US-Psychotherapeuten entwickelt, und ich praktiziere sie ebenfalls, habe schon diverse Bücher dazu geschrieben. Bei dieser Therapiemethode geht man davon aus, dass Akzeptanz ein Mittel ist, das psychische Leiden lindern kann. Denn solange wir die Vorstellung, alles kontrollieren und verändern zu können, auf unsere Psyche übertragen, rennen wir einer Illusion hinterher. Wir verwenden Strategien, die eher kontraproduktiv sind, setzen uns unerreichbare Ziele. Wir können nicht perfekt sein, werden immer Leid oder bedrohliche Gefühle erleben.

Wir versuchen also ständig, unsere Gefühle und Gedanken unter Kontrolle zu bringen ...
Genau. Zum einen weil es schon fast eine gesellschaftliche Forderung ist, möglichst „positiv zu denken" und „glücklich zu sein". Von solchen Idealen geht ein enormer Druck aus. Zum anderen finden viele Menschen jedes negative Gefühl so bedrohlich, dass sie es sofort loswerden und in Schach halten wollen. Viele von uns versuchen heute also, sich permanent gut zu fühlen, aber es gelingt nicht. Im Gegenteil. Statistiken zeigen, dass etwa ein Drittel aller Menschen in Deutschland innerhalb von einem Jahr vorübergehend oder dauerhaft an einer psychischen Störung wie Ängsten oder depressiven Verstimmungen leidet. Und zwar nicht, obwohl wir probieren „gut drauf zu sein" – sondern gerade weil wir es ständig versuchen.

Das müssen Sie erklären.
Die Kontrolltätigkeit, mit der wir unangenehme Gedanken oder Gefühle unschädlich machen wollen, geht komplett vom Kopf aus. Er ist eine „Denkmaschine", wendet Prinzipien an, die zum Problemlösen in der äußeren Welt wunderbar geeignet sind, die aber sofort versagen, wenn es um unsere Psyche geht. Wenn der Wasserhahn tropft, ist es toll, wenn der Kopf nicht eher ruht, bis er eine Lösung gefunden hat. Wenn wir aber niedergeschlagen sind und denken „Ich bin nichts wert", schaltet der Kopf ebenfalls sofort auf Hochtouren. Er sagt: „Guck, ob alles so ist, wie es sein sollte, und wenn nicht, dann tu etwas dagegen." Wir vertrauen diesem Prinzip – und landen in einer Grübelschleife, die uns weiter in die negativen Gedanken treibt. Die Sorgen werden immer schlimmer. >

Es gibt eine App, mit der du sorgenvolle Sätze oder Zweifel einfach zu einem Song umwandeln kannst – ob Rap, Disco oder Rock, kannst du selbst einstellen. *Songify* gibt es für Android und iOS

Das Leben wird leichter, wenn du akzeptierst, was du nicht ändern kannst

Warum vertrauen wir unseren Gedanken so bedingungslos?
Der Kopf ist ungeheuer eindringlich und dominant. Er hält sich selbst für unfehlbar. Der Stand-up-Comedian Emo Philips hat einmal gesagt: „Ich war der Überzeugung, mein Gehirn sei das wunderbarste Organ in meinem Körper. Bis mir klar wurde, wer mir dies sagte." Das ist natürlich ein Witz, aber es ist etwas Wahres dran. Wenn wir beginnen, alles, was der Kopf uns sagt, infrage zu stellen, verändert sich bereits sehr viel. Wir geben ihm nicht mehr so viel Macht.

Wie kann bei all dem denn nun die Akzeptanz helfen?
Die erste Akzeptanzleistung besteht meistens darin, anzuerkennen, dass der Kopf uns mit seinen Strategien nicht ausreichend helfen kann, wenn es um Gefühle geht. Ganz gleich ob jemand permanent gehetzt ist, Angst hat oder grübelt, irgendwann erkennt man: Alles, was man bisher versucht hat, um das Problem zu lösen, hat nichts gebracht, so geht es nicht weiter. ACT nennt diesen Zustand kreative Hoffnungslosigkeit. Man gibt sich geschlagen, lässt los.

Das klingt nach Resignation.
Keineswegs. Es geht vielmehr darum, neue Ideen zu entwickeln, wie man mit seinen Problemen umgehen könnte. Man könnte zum Beispiel zu folgender Erkenntnis kommen: „Es bringt nichts, die Probleme in Schach halten zu wollen. Warum akzeptiere ich nicht einfach, dass unangenehme Gefühle und Gedanken eben auch immer da sind." Für jemanden, der oft denkt „Ich bin nichts wert", könnte das heißen, dass er den Gedanken gar nicht weiter hinterfragt, sich also nicht mehr damit beschäftigt, wie viel oder wenig er nun wert ist – sondern akzeptiert, dass der Gedanke einer von vielen in seinem Kopf ist. Bei Gefühlen ist das ähnlich. Angenommen, jemand wollte eine bestimmte Angst, etwa vorm Alleinsein, bisher nicht spüren, ist ihr ausgewichen. Er könnte stattdessen versuchen, die Angst wie einen Freund zu begrüßen und sagen: „Es ist in Ordnung, dass du da bist. Ich halte das aus."

Aber wie genau gelingt dieses Aushalten?
Indem wir unsere Haltung ändern. Ich beschreibe die negativen Gefühle oder Gedanken oft als ein Monster, das sich uns in den Weg stellt. Wenn wir es wegschieben wollen, es bekämpfen, dann verschwenden wir nicht nur Energie. Wir sind auch die ganze Zeit mit dem Monster beschäftigt. Ich mache deshalb meinen Patienten häufiger den Vorschlag: „Wie wäre es, ab jetzt Arm in Arm mit dem Monster zu gehen?" Also zu akzeptieren, dass es da ist, es „unterzuhaken". Der Vorteil ist, dass man dann wieder freie Sicht hat und selbst bestimmt, wohin die Reise geht. Dieses Bild leuchtet manchen Patienten sofort ein, entspannt sie.

Was tun, wenn die miesen Gedanken sehr hartnäckig sind?
Es ist ein Lernprozess. Die Akzeptanz- und Commitment-Therapie hält eine Menge Techniken bereit, mit denen man üben kann, bedrohliche Gedanken etwas auf Abstand zu bringen. Manchen Menschen hilft es schon, wenn sie sich sagen „Ich denke gerade, ich bin nichts wert…" statt „Ich bin nichts wert". Der erste Satzteil relativiert den Gedanken bereits. Oder man nimmt es mit Humor, macht den Gedanken lächerlich, etwa indem man ihn singt oder 20-mal hintereinander mit ganz hoher Stimme sagt. Man kann den Satz auch aufschreiben und die Buchstaben zählen. Das klingt absurd, es hilft aber, denn der Gedanke darf dann da sein, aber ihm wird etwas Bedeutungsschwere genommen.

Ähnelt das nicht doch dem positiven Denken, wo man sich Sätze sagen soll wie „Heute ist ein schöner Tag" oder „Ich bin gut so, wie ich bin"?
Es gilt heute wissenschaftlich als gesichert, dass nichts aus dem Gedächtnis verschwindet, zumindest

solange wir gesund sind. Es gibt bestimmte Gedanken einfach, wir können sie nicht aus dem Kopf werfen oder ersetzen, wie es das positive Denken vorschlägt. Aber wir können sie links liegen lassen, ihren Stellenwert ändern. Entscheidend ist, dass man den Gedanken nicht zu viel Energie gibt. Dann sind sie zwar nach einiger Zeit immer noch da, aber sie behindern einen nicht mehr so stark.

Kann man denn auch heftige Gefühle oder Schmerzen einfach so akzeptieren?

Das ist etwas schwieriger, denn erst einmal wollen wir Schmerzen und Unangenehmes ja gern vermeiden. Wir sollten uns aber klarmachen, dass viele psychische Probleme gerade dadurch begünstigt werden, dass man Wut, Trauer, Unsicherheit gar nicht erst haben will. Sobald man sich einem gewissen Leid nicht stellt, entsteht mehr davon. Steven Hayes, einer der Begründer von ACT, nennt das den Unterschied zwischen „sauberem" und „schmutzigem" Kummer. Angenommen, jemand wird vom Partner verlassen und leidet. Dieser Kummer ist „sauber", passt zur Situation, man kann ihn durchleben. Wenn diese Person nun das Leid nicht will, sich deshalb betrinkt oder sich verbietet, an den Ex zu denken, dann entsteht „schmutziger" Kummer – der noch mehr davon nach sich zieht. Es ist also wichtig, sich auf sauberen Kummer einzulassen. Auch das ist Akzeptanz. Ich erkläre das oft anhand von zwei Mädchen, die vom Dreimeterbrett springen wollen.

Beide freuen sich auf dem Weg ins Freibad auf den Sprung. Als sie auf den Turm klettern, haben beide Angst, ihnen zittern die Knie. Dann kommt der Unterschied: Die eine springt, die andere klettert wieder runter, „weil sie nicht bereit ist, die Angst zu spüren". Im Nachhinein fühlt sich das Mädchen, das gesprungen ist, viel besser. Sie ist stolz. Angst hat sie wahrscheinlich sogar mehr gehabt – aber sie hat sie in Kauf genommen.

Wenn wir nun verinnerlichen, dass alles gut so ist, wie es ist: Was wird dann aus unseren Zielen und Plänen?

Wir sind heute sehr zielorientiert. Das hat zum Teil negative Effekte: Wer ein Ziel formuliert, konzentriert sich ja meist auf etwas, das ihm fehlt – einen Abschluss, eine bestimmte Geldsumme, einen Partner. Ich bin deshalb der Meinung, dass wir uns stärker an unseren tiefen Werten orientieren sollten, uns also bewusst daran ausrichten, ob wir im Leben mutig, hilfsbereit oder gerecht sein wollen. Damit können wir sofort anfangen, egal wie schwierig unsere Situation ist. Werte geben uns Würde. Sie geben unserem Handeln eine Richtung, motivieren uns stark. Und helfen uns dabei, den Punkt, an dem wir gerade stehen, freundlich zu akzeptieren. ●

MEHR LESEN?

Matthias Wengenroth: *Das Leben annehmen. So hilft die Akzeptanz- und Commitment-Therapie* (Hogrefe) oder daslebenannehmen.de

Pascoflair®
Ihre Ruheinsel aus der Natur

✓ entspannt bei Stress und Mehrfachbelastung

✓ erhält Leistungs- und Konzentrationsfähigkeit

✓ verschafft innere Ruhe und fördert so den gesunden Schlaf

✓ wirkt schnell[1,2] und ist ausgezeichnet verträglich

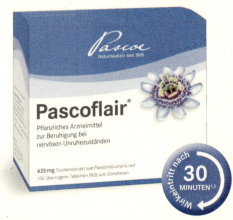

[1] Movafegh, A., Alizadeh R., et al. (2008) Anesth Analg 106(6), 1728-32.
[2] Dimpfel, W., Koch K., et al. (2012) Neuroscience & Medicine, 3, 130-140.

Pascoflair® Pflanzliches Arzneimittel. Überzogene Tabletten. Wirkstoff: Passionsblumenkraut-Trockenextrakt. Anwendungsgebiete: Bei nervösen Unruhezuständen. Enthält Sucrose und Glucose. Zu Risiken und Nebenwirkungen lesen Sie die Packungsbeilage und fragen Sie Ihren Arzt oder Apotheker. Pascoe pharmazeutische Präparate GmbH · D-35383 Giessen · info@pascoe.de

www.pascoe.de

Zum Ausfüllen

**WAS WÜRDEST DU GERN EINFACH SO AKZEPTIEREN, WIE ES GERADE IST?
HIER HAST DU GELEGENHEIT, DARÜBER NACHZUDENKEN UND ZU REFLEKTIEREN,
WIE DU SCHWIERIGKEITEN UND PROBLEME GELASSENER ANNEHMEN KANNST**

1. Unser Kopf macht sich gern stets die gleichen Sorgen. Oft ist das ständige Durchdenken sinnlos. Überlege einmal: Welche Gedanken spuken dir immer wieder durch den Kopf? Was sind deine „Sorgenklassiker"?

....
....
....
....

2. In der Akzeptanz- und Commitment-Therapie gibt es unzählige Techniken, mit denen man Abstand zu seinen Grübeleien bekommen kann. Eine davon ist, den Sorgensatz zu singen oder mit einer hohen Piepsstimme zigmal hintereinander zu sagen. Probiere es mal aus. Was verändert sich dadurch?

....
....
....
....

3. Bedrohliche Gefühle und Gedanken bezeichnet Therapeut Matthias Wengenroth als „Monster". Er schlägt vor, Arm in Arm mit ihnen durchs Leben zu gehen. Guck noch mal auf deine Liste oben, wie würde es sich anfühlen, eines deiner Monster unterzuhaken und willkommen zu heißen, statt gegen es zu kämpfen?

....
....
....
....
....
....

TEXT ANNE OTTO

Live mindfully

Lesen

DIE BÜCHER MEINES LEBENS

Regelmäßig bitten wir Büchermenschen, uns von den fünf Werken zu erzählen, die sie besonders geprägt haben. Diesmal verrät Anita Djafari, Bücherfrau des Jahres 2016, ihre Lieblinge

„Nach der Lektüre von Kafkas Verwandlung wusste ich: Da geht noch mehr in deinem Leben"

„Mein Vater war ein begnadeter Erzähler, daher kommt vermutlich meine Liebe zu Geschichten", sagt Anita Djafari (64). Bei ihr zu Hause gab es keine Bücher, aber im Ort eine öffentliche Bibliothek. Nach der mittleren Reife machte Anita eine kaufmännische Lehre und arbeitete in einem Reisebüro. Bis sie eines Tages Kafkas Verwandlung las, eine Erzählung, die ihr Leben umkrempelte: Sie holte ihr Abitur nach, studierte Germanistik und Anglistik, arbeitete in Verlagen und führte eine eigene Buchhandlung. Seit 2006 ist sie bei Litprom angestellt, einem Verein, der afrikanische, asiatische und lateinamerikanische Literatur in Deutschland bekannter machen will. „Ich empfinde es als Privileg, dass Lesen Teil meines Berufes ist", sagt Anita. In ihren Lieblingsbüchern geht es oft um starke Frauen, die trotz aller Rebellion von ihren Männern abhängig sind. 2016 wurde Anita wegen ihres Einsatzes für Autorinnen aus benachteiligten Ländern vom Verein BücherFrauen zur Bücherfrau des Jahres ernannt. Hier die fünf Bücher ihres Lebens.

FRANZ KAFKA – DIE VERWANDLUNG

„Ich weiß noch ganz deutlich, wie ich, damals 19 oder 20, im Zimmer meiner WG-Genossin auf deren Bett lag und ganz zufällig dieses Buch griff. Der magische erste Satz zog mich sofort in die Erzählung hinein, die ich, dort auf dem Bett, in einem Rutsch durchlas. Ich war bis ins Mark getroffen. Diese surreal anmutende Metamorphose eines Mannes in ein Ungeziefer, die klare Sprache – das hat etwas in mir ausgelöst. Mich in einem positiven Sinn beunruhigt. Ich war damals sehr unausgeglichen, auf der Suche nach etwas. Ich arbeitete im Reisebüro, hatte aber das Gefühl, ich bin nicht da, wo ich hin will. So wie Gregor Samsa: Man ist in einer Situation, in

WOHLFÜHLORT
Anita im Iimori, ein Café, in dem sie sich gern zu Besprechungen trifft

MIT WIDMUNG
Héctor Abads Kulinarisches Traktat für traurige Frauen, auch eines von Anitas Lieblingsbüchern

ARBEITSPLATZ
In Anitas Litprom-Büro im Haus des Buches in der Frankfurter Altstadt

der man nicht zufrieden ist. Dann verwandelt man sich und damit auch das Umfeld, das auf die eigene Verwandlung reagiert. Das hat mich fasziniert, getroffen und berührt. Die Erzählung war der Anfang vom Ende meiner Tätigkeit im Reisebüro. Denn nach der Lektüre wusste ich: Da geht noch mehr in deinem Leben!"

BUCHI EMECHETA – ZWANZIG SÄCKE MUSCHELGELD

„Dies Buch las ich in einem Anglistikseminar zu afrikanischer Literatur. Das war damals, Ende der 70er, Pionierarbeit, es gab kaum afrikanische Literatur. Im Original heißt der Titel *Die Freuden der Mutterschaft*. Das ist sehr ironisch und bitter. Denn in Afrika gilt eine Frau nur etwas, wenn sie Kinder zur Welt bringt – erfährt aber selbst als Mutter keine Anerkennung von den Männern. Auch Emechetas Heldin Nnu Ego wird von ihrem Mann gedemütigt, Männer bestimmen über ihren Lebensweg. Die Autorin selbst hat fünf Kinder, trennte sich von ihrem Mann und begann unter widrigsten Umständen zu schreiben. Ich fühlte mich mit ihr solidarisch. Bis in die 70er musste ja auch in Deutschland noch ein Mann zustimmen, wenn seine Frau arbeiten wollte. Dass Männer so viel Macht haben, hat mich wütend gemacht. Als ich vor Kurzem Nachrufe über Emecheta las, war ich sehr bewegt, denn durch sie habe ich die Welt der afrikanischen Frauen kennengelernt – und meine wahre Bestimmung gefunden, nämlich Literatur zu vermitteln. Ganz naiv ging ich damals auf der Frankfurter Buchmesse zu einem Verlag und erklärte, das Buch müsse unbedingt auf Deutsch erscheinen. Und es hat geklappt."

JORGE AMADO – GABRIELA WIE ZIMT UND NELKEN

„Als ich zum ersten Mal in der Wohnung meines Freundes und heutigen Mannes war, war ich sehr erstaunt, dass bei ihm nur zehn, zwölf Bücher im Regal standen. Eines davon war *Gabriela wie Zimt und Nelken*. Das empfahl er mir, und ich las es mit Begeisterung. Überbordend, voller Exotik, fast schon kitschig, beschreibt Amado eine Romanze zwischen einer Mulattin und einem Kakao-Exporteur. Die Geschichte ist so unterhaltsam, vergnüglich und üppig, sie hat mich so berührt, dass Salvador de Bahia, wo sie spielt, mein Sehnsuchtsort geworden ist. Dort möchte ich unbedingt einmal hin. Zugleich fängt der Roman die ganze Vielfalt Brasiliens ein. Nach der Lektüre konnte ich die Liebe meines Mannes, der in der Entwicklungszusammenarbeit tätig ist, zu diesem Land gut nachempfinden. Amado ist auch Autor von Telenovelas, die ich mir ganz begeistert anschaue, als mein Mann und ich 1989 für drei Jahre nach Peru zogen." >

flow_73

BIBLIOTHEK
Dass Lesen Teil ihres Berufes ist, empfindet Anita Djafari als großes Privileg

ZUR ERINNERUNG
Die Keramikfigur des Schriftstellers Jorge Amado stammt von der Frankfurter Buchmesse 1994, als Brasilien erstmals Gastland war. Das Lama ist ein Mitbringsel aus Peru

„Wir lebten in Peru, und Llosa hat mir das ganze Land in seinen Büchern nahegebracht"

MARIA VARGAS LLOSA – TANTE JULIA UND DER KUNSTSCHREIBER

„Mit *Tante Julia* begann meine Liebe zu Vargas Llosa, von dem ich fortan jedes Buch las. Erzählt wird die Geschichte von Mario, der seine viel ältere Tante Julia heiratet, was Vargas Llosa geschickt mit einer Parallelhandlung von einem Kunstschreiber verwebt, der Hörspiele für das Radio verfasst (mein Lieblingsmedium!). Das ist großartig und sehr, sehr gut erzählt. Wir lebten damals in Peru, und Vargas Llosa hat mir das Land nahegebracht: den Alltag in einer Militärdiktatur, die Landschaft des Nordens, den Dschungel. Seit ein paar Jahren wird meine Liebe zu ihm allerdings immer wieder enttäuscht, was er in letzter Zeit schreibt, finde ich nicht mehr gut. Trotzdem muss ich in jedes neue Buch reinschauen – und werde dann ganz traurig. Wie in einer enttäuschten Liebe."

HAN KANG – DIE VEGETARIERIN

„Han Kang habe ich vor zwölf Jahren kennengelernt, als ich den Gastauftritt Koreas auf der Frankfurter Buchmesse organisierte. Sie ist eine leise, zurückhaltende, sehr liebenswerte Frau. Im vorigen Jahr ist endlich ein Roman von ihr in deutscher Übersetzung erschienen. *Die Vegetarierin* ist eine krasse Geschichte mit extremen Szenen, sie berührt einen sehr. Es geht um eine Frau, die beschließt, kein Fleisch mehr zu essen, alles Tierische aus ihrer Wohnung zu verbannen. Ihr Mann und ihre Familie akzeptieren das nicht. Und so ist ihr einziger Wunsch, selbst zur Pflanze zu werden. Viele Frauen haben mir von ähnlichen Erfahrungen erzählt: dass eine Verzweiflung von den Männern oder Vätern nicht akzeptiert wurde. Mir gefällt die Form, die Han Kang gefunden hat, um die Rebellion dieser Frau auszudrücken. Dieses „Ich mach das nicht mit". ●

ANZEIGE

Uns gehört der Kopf gewaschen!

Riecht gut, sieht gut aus und pflegt mit botanischen Inhaltsstoffen — haben wollen!

Pflanzen gehören in den Garten? Nö, in die Haarpflege! Dachte sich zumindest L'Oréal und entwickelte die neue Serie BOTANICALS FRESH CARE. Mit botanischen Inhaltsstoffen ist so eine neue Premium-Haarpflege entstanden. Die sieht so umwerfend gut aus, dass wir sie allein schon als Badezimmerdeko haben wollen. Die Produkte pflegen Haare ohne Silikone, Parabene und Farbstoffe. Einfach mal rechts probeschnuppern! Botanisches Glück auch ohne grünen Daumen – was wollen wir mehr?!

Illustration: Karina Przychodny Avila

BOTANICALS FRESH CARE

Koriander macht stark!

1. Die Maske mit Koriandersamen-Öl in einer reichhaltigen Creme pflegt und nährt intensiv. So mögen wir den Masken-Effekt!
2. Ohne Ausspülen: Der Kraft-Trank gibt geschädigtem Haar den ganzen Tag Power
3. Das BOTANICALS Shampoo überzeugt mit botanischer Mixtur und intensiver Aufbaupflege
4. Beschwert (sich) nicht und stärkt. Wir wünschten, mehr Menschen wären wie der BOTANICALS Spülungsbalsam mit Koriandersamen-Öl

Rubbeln & riechen

Das ist besser als jedes Rubbellos: Einfach über das Bild mit dem Koriander im Glas rubbeln und BOTANICALS FRESH CARE Koriander probeschnuppern. Ri(e)chtig dufte, oder?!

Wir nehmen Haarpflege persönlich

Schönheit hat ihre Wurzeln in der Natur. Mit diesem Gedanken entwickelte L'Oréal die neue Serie BOTANICALS FRESH CARE, die auf Pflanzen-Power setzt.

Ist es nicht schön, sicher zu sein, dass jemand mit Liebe die Pflanzen gezüchtet hat, die unser Haar verwöhnen? Dass ihre Heimat tatsächlich die Natur ist? Bei den Produkten wird komplett auf Silikone, Parabene und Farbstoffe verzichtet. Außerdem sind sie frei von tierischen Inhaltsstoffen und somit vegan. Mit unseren Naturfreunden tun wir uns also etwas Gutes – vor allem unseren Haaren. Während sich die Produkte des Premium-Programms um unseren Kopf kümmern, können wir ihn total ausschalten und uns von den Düften der Serie BOTANICALS FRESH CARE in den Entspannungsmodus beamen lassen. Die vier Linien Camelina, Saflorblüte, Koriander und Geranie pflegen das Haar intensiv. Alle Rezepturen haben einen auf den individuellen Haartyp ausgerichteten Spezialauftrag und zu jeder Duftrichtung gibt es jeweils vier Produkte – Shampoo, Spülung, Maske und ein Spezialprodukt.
Unser Fazit: Die BOTANICALS-FRESH-CARE-Serie entspannt, duftet traumhaft, pflegt perfekt und sieht auch noch dekorativ aus.

WIR MACHEN AUS UNSEREM BAD EINE GRÜNE INSEL

„Ich muss noch schnell Haare waschen!" Der Satz ist passé. Dank der Serie BOTANICALS FRESH CARE lieben wir Haarpflege. Wir genießen den Duft, der unsere Sinne verwöhnt, und freuen uns auf die Auszeit, während die Maske einwirkt. Das Konzept dieser Pflegelinie schenkt uns ein Wellness-Programm für zu Hause.

Entwirrung statt Verwirrung: Der Spülungsbalsam mit Camelina-Öl zähmt störrische Längen

Nährungsexperte: Die Seidige Haar-Crème bändigt und pflegt, ohne Ausspülen und ohne zu beschweren

Strahle-Mähne to go: Das Elixier muss nicht ausgespült werden und verleiht sofortigen Glanz

Florale Freude

EIN GUTES GEFÜHL

Das Bewusstsein für die Umwelt und das Bedürfnis nach effektiver Schönheitspflege schließen sich nicht aus. Nachhaltigkeit und ein persönliches Wohlgefühl lassen sich wunderbar miteinander verbinden. So sind die Shampoo-Packungen der Serie BOTANICALS FRESH CARE zu 100 % Bestandteil eines Recycling-Kreislaufs. Bei der Herstellung der Produkte wird darauf geachtet, mit schonenden chemischen Prozessen zu arbeiten.

Live mindfully

Einsicht

DAS SMARTPHONE MAL LINKS LIEGEN ODER SOGAR FÜR EIN PAAR STUNDEN GANZ IN DER TASCHE ZU LASSEN FÄLLT GAR NICHT SO LEICHT. IMMER MEHR MENSCHEN ENTDECKEN JEDOCH, WIE GUT IHNEN EINE DIGITALE AUSZEIT TUT

Es ist noch gar nicht so lange her, da war es undenkbar, sein Handy während eines gemeinsamen Essens neben sich auf den Tisch zu legen. Inzwischen ist es schon bemerkenswert, wenn jemand sein Smartphone in der Tasche lässt und sich eine Weile nicht darum kümmert. Manche Restaurants belohnen ihre Gäste deshalb mit einem Nachlass, wenn sie während des Essens einfach mal auf ihr Smartphone verzichten. Eines der ersten war das Bedivere in Beirut im Libanon. Dort bekommen Gäste zehn Prozent Rabatt auf ihre Rechnung, wenn sie ihr Gerät abgeben, bevor sie sich an den Tisch setzen. Restaurantbesitzer Jihad Zein hat sich diese Hausregel vor fünf Jahren ausgedacht. Er fand es einfach ärgerlich, wenn seine Freunde abends beim Ausgehen immer wieder aufs Display schauten und so vorübergehend aus Gesprächen ausstiegen. Seine Beobachtung: Die Idee kommt gut an, seine Gäste haben wieder Augen füreinander statt für ihr Mobiltelefon, und auch diejenigen, die ihr Telefon nicht abgeben, lassen es in der Tasche.

Was man in Cafés und Restaurants inzwischen ebenfalls häufiger beobachten kann, ist das sogenannte Phone-Stacking, eine Art Spiel, das aus den USA kommt. Jeder, der mit am Tisch sitzt, legt sein Telefon auf einen Stapel in der Mitte desselben. Wer als Erster wieder zum Telefon greift, muss die Rechnung für alle bezahlen. Wenn alle Beteiligten der Versuchung widerstehen, wird der Rechnungsbetrag am Ende normal aufgeteilt.

DEN KOPF VERDREHT

Nicht nur an öffentlichen Orten lässt sich allmählich eine Gegenbewegung erkennen. Überall hört man von Leuten, die ab und an für eine Weile offline sein wollen. Anstatt permanent auf ihr Display zu schauen – im Zug, im Park, im Kino oder auf dem Fahrrad mitten im Berufsverkehr –, lassen sie ihr Mobiltelefon bewusst stumm geschaltet. Sie tun mal nichts, nehmen wahr, was um sie herum passiert, oder bleiben mit ihrer Konzentration bei dem, was sie gerade machen.

Die Autorin Jocelyn K. Glei schreibt darüber, wie Kreative und Kopfarbeiter trotz überall lauernder Ablenkung konzentriert bleiben können (ihre Bücher sind bisher leider nur auf Englisch erschienen). Sie versucht ebenfalls, so oft wie möglich offline zu sein, und liest ihre E-Mails und Nachrichten in den sozialen Netzwerken darum nur zweimal am Tag: am späten Vormittag und am späten Nachmittag. „Ich versuche, erst mal zwei oder drei Stunden zu schreiben. Meine Tweets plane ich im Voraus, sodass ich in den sozialen Medien aktiv erscheine, ohne dass ich mich dauernd darin aufhalten muss. Aber trotzdem habe ich auch Tage, an denen ich häufiger auf mein Display schaue, als es vielleicht gut ist. Wenn man erst mal im Internet surft, ist es schwer, wieder aufzuhören."

Jocelyn Glei hat festgestellt, dass andere Leute ebenfalls Auszeiten vom Internet suchen. Eine gute Freundin erzählte ihr vor Kurzem, dass sie sich entschlossen hätte, sich ein halbes Jahr lang aus dem Social-Media-Kosmos zurückzuziehen. Ihre Begründung: Wenn man sich ständig mit den Äußerungen anderer Leute beschäftigt, ist es schwer, sich auf die eigenen Gedanken zu konzentrieren. Glei: „Es ist harte Arbeit, kreative Ideen in einem Buch, einer Illustration oder einer Präsentation umzusetzen. >

DIGITALE HELFER

* Die App *Forest* belohnt dich dafür, wenn du konzentriert durcharbeitest und nicht zum Smartphone greifst: Nach 30 Minuten Abstinenz wächst ein virtueller Baum, aus dem ein ganzer Wald werden kann. 1,99 Euro, für iOS, Android und Windows Phone.
* Mit der App *Quality Time* kannst du ermitteln, welche Apps du am häufigsten benutzt; qualitytimeapp.com, kostenlos für iOS und Android.

TIPPS FÜR EINE DIGITALE ENTWÖHNUNG

* Schalte die Push-Funktion deines Smartphones aus und lies E-Mails und Nachrichten zu festgelegten Zeiten.
* Mache dir bewusst, dass es kein Drama ist, mal nicht erreichbar zu sein.
* Du brauchst nicht auf jede Nachricht gleich zu reagieren. Wenn du E-Mails und SMS immer in kürzester Zeit beantwortest, entsteht beim Absender eine Erwartungshaltung.
* Lösche Apps, die dich zwischendurch immer wieder zum Surfen verführen, von deinem Smartphone.
* Kaufe dir einen analogen Wecker. So greifst du morgens nicht als Erstes zum Smartphone, sondern kannst es aus dem Schlafzimmer verbannen.

Das Problem ist, dass du nichts Eigenes entwickeln kannst, wenn du den Input von anderen nicht vorübergehend ausschaltest." Sie ist der Ansicht, dass uns die technischen Neuerungen ein wenig den Kopf verdreht haben – und allmählich spüren wir die Folgen davon. „Inzwischen sind wir von ihnen abhängig. Wir werden von den Geräten geformt und fragen uns völlig zu Recht, ob sie wirklich so beherrschend sein dürfen."

DAS EIGENE MASS ERMITTELN
Der Berliner Internetsoziologe Dr. Stephan Humer hält die Digitalisierung für eine revolutionäre Entwicklung und sieht viele Chancen in ihr. „Ich beobachte aber, dass es uns im Moment an sozialen Normen für den Umgang mit der digitalen Welt fehlt. Jeder sollte seine Bedürfnisse prüfen und sich fragen: ‚Wann möchte ich erreichbar sein, wann nicht?' Ich schalte meine Geräte nachts alle aus. In dieser Zeit herrscht absolute Ruhe. Tagsüber kann ich aus beruflichen Gründen nicht aufs Smartphone verzichten und möchte dann auch erreichbar sein." Humer empfiehlt, in Familie und Freundeskreis selbst ein Vorbild zu sein und den bewussten Umgang mit dem Smartphone vorzuleben. Aus seiner Sicht darf man seine Mitmenschen durchaus auch auffordern, ihr Gerät wegzulegen, um sie wieder in eine Situation zurückzuholen.

Auch Philosoph Hans Schnitzler beobachtet, dass die Leute es genießen, häufiger offline zu sein. „Durch das Smartphone sind wir fast wie Tiere in der Wildnis, die ständig in Alarmbereitschaft sein müssen, aber wir merken das gar nicht mehr. Es erzeugt eine Erschöpfung in uns. Nicht umsonst ist Achtsamkeit inzwischen so populär; wir möchten uns ab und zu von dieser digitalen Welt abkoppeln." Schnitzler selbst benutzt kein Smartphone. „Zum Selbstschutz und ein wenig auch aus Prinzip. Wenn ich unterwegs bin und auch im öffentlichen Raum, möchte ich nicht dauernd ins Internet gehen; diese Entscheidung tut mir gut. Die Leute, die ständig auf ihr Display starren, lösen Verwunderung bei mir aus." Auch für zu Hause hat Schnitzler eine praktische Lösung gefunden, mit der er verhindert, dass er stundenlang auf Twitter surft, während er eigentlich schreiben müsste. „Ich schalte mein Modem aus. Wer weniger online sein möchte, muss sich eine entsprechende Struktur schaffen. Der Mensch braucht regelmäßig digitale Abstinenz, damit er Ruhe findet und der Geist erfrischt wird."

Vor Kurzem erhielt Hans Schnitzler eine E-Mail von einer jungen Frau, die sein Buch während einer längeren Pause vom Internet gelesen hat. „Ihre E-Mail las sich wie die Geschichte einer Frau, die gestorben war und wieder zum Leben erwacht ist. Manche Dinge drangen neu in ihr Bewusstsein, sie hatte wieder angefangen zu lesen, und ihre Sinne schienen mehr wahrzunehmen als vorher." Fachleute gehen davon aus, dass wir erst noch lernen müssen, mit den digitalen Entwicklungen umzugehen. Die übermäßige Nutzung kann sich ins Suchtverhalten steigern und abhängig machen – die Folge sind Entwöhnungscamps für Digitaljunkies oder Digital-Detox-Arrangements in Wellnesseinrichtungen. Schnitzler ist überzeugt davon, dass sich eine Gegenreaktion entwickelt; er kann aber nur schwer einschätzen, welche Dimension sie haben wird. „Die Frage lautet: Inwieweit werden wir uns anpassen, und wie rasch gewöhnen wir uns an diese Hyper-Aufmerksamkeit? Im Moment sieht es danach aus, dass wir nicht für das Multitasking geschaffen sind und es auch gar nicht sein mögen." ●

Rhabarber-Friands

Zutaten für ca. 12 Stück: 175 g Butter ✻ 225 g Puderzucker ✻ 100 g Mehl ✻ 125 g sehr fein gemahlene Mandeln ✻ 6 Eiweiß (Gr. M) ✻ 1 Stange Rhabarber (z. B. Himbeerrhabarber), geputzt und in Streifen ✻ Butter und Mehl für die Form ✻ Puderzucker zum Bestäuben ✻ Friandsform oder Muffinblech

Ofen auf 200 Grad vorheizen. Die Form fetten, mit etwas Mehl ausstäuben. Butter in einem Topf bei niedriger Temperatur schmelzen, abkühlen lassen. Puderzucker und Mehl in eine Schüssel sieben. Mandeln zufügen und untermischen. Eiweiß mit einer Gabel verquirlen, bis es leicht schaumig ist, mit der Butter zur Mehlmischung geben. Vorsichtig unterrühren, bis ein homogener Teig entstanden ist. Den Teig zu ¾ in die Form füllen, mit Rhabarber bedecken und 20–25 Minuten backen. Stäbchenprobe machen! Die Friands abkühlen lassen und vorsichtig stürzen. Mit Puderzucker garnieren.

Aus: *Jeannys Lieblingskuchen* von Virginia Horstmann (Hölker Verlag, 24,95 Euro)

SPOIL YOURSELF

Zeit für eine kleine Verwöhnpause

VOGELKUNDE
Frühlingsstimmung verbreiten die kleinen Vögelchen von Elise Letulle. Die Französin liebt Stickarbeiten und hat die farbenfrohen Ansteckpiepmätze alle von Hand gefertigt. Ca. 30 Euro, über ihren Shop En Avril auf etsy.com

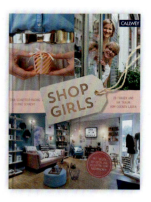

MACHT MUT
Viele haben ihn, aber nur wenige verwirklichen den Traum vom eigenen Laden dann tatsächlich auch. Autorin Tina Schneider-Rading und Fotografin Ulrike Schacht porträtierten für *Shop Girls* Frauen, die sich trauen (eine davon ist Stefanie Marthold, die wir ab Seite 26 vorstellen), fragten sie nach ihren Ladenkonzepten, Lieblingsrezepten und DIY-Ideen. Tipps zur Existenzgründung runden das schöne Buch ab. Callwey, 29,95 Euro

Trinkkultur
Rum oder Gin zu genießen – das ist nicht nur was für Männer mit dicken Zigarren in dunklen Räumen. Die Cousins Andreas und Waldemar Wegelin wollen mit ihrem Onlineversand Tastillery.com jedem die Welt der Spirituosen zugänglich machen. Sie verschicken Tastingsets mit fünf ausgewählten Sorten, Verkostungsanleitung und Zetteln für Geschmacksnotizen. Nett für einen beschwingten Abend mit Freunden. Set ab 39 Euro

NEON IS BACK
Wir lieben die Leuchtschriftzüge, die früher an so vielen Läden prangten. Die mit echten Neonröhren. Das Start-up Sygns bringt die mundgeblasenen Kunstwerke zu uns nach Hause. Wer will, kann seinen eigenen Spruch gestalten. Das hat natürlich seinen Preis, dafür ist es einzigartig. Ab 65 Euro (pro Buchstabe), sygns.de

AUSZEIT

Wer schon immer vom Häuschen im Grünen träumte, kann sich im thüringischen Mülverstedt zumindest für einen Urlaub eins mieten. Die Vollholz-Chalets der Hainichhöfe liegen inmitten unberührter Natur, umgeben von Laubwäldern und üppigen Wiesen. Bereits die schön schlichte Einrichtung entspannt, der private Spa-Bereich tut das Übrige. Ein Willkommenskorb mit Leckereien aus der Region sichert am ersten Tag die Verpflegung. 2 Nächte für 340 Euro/2 Personen, hainichhoefe.de

Soap-Star

Ihr Umschlag erinnert an die farbenprächtigen Selbstbildnisse der mexikanischen Malerin Frida Kahlo. Einmal ausgepackt, duftet die Seife „Frida's Fragrant Bath Bar" herrlich nach Passionsblumen und macht die Haut dank Olivenöl schön weich. Über amazon.de, 10,99 Euro

TOLLE MISCHUNG

Ein Mixtape war früher eine der schönsten Arten zu zeigen, dass man jemanden mag, Stunden verbrachte man mit der perfekten Musikauswahl. Die App *AirCassette* zaubert dir ein Mixtape aufs Smartphone: Du kannst das Aussehen der virtuellen Kassette bestimmen, Lieder aus der Bibliothek auswählen, das Tape beschriften und mit Freunden über Facebook teilen. Für iOS, 1,99 Euro

BESSER DRAUF

Eine Studie der University of California poliert den Ruf von Handyfotos auf: Sie heben die Laune. Vier Wochen lang sollten die Versuchsteilnehmer täglich Bilder knipsen: ein Selfie, auf dem sie lächeln, und von Dingen, die sie selbst oder andere glücklich machen. Alle waren dadurch positiver gestimmt, weil die Fotos die Aufmerksamkeit auf etwas Schönes lenkten.

Bunter Begleiter

Auf die Frage „Hast du mal was zu schreiben?" reagieren wir ab sofort stets mit Ja. Der Kugelschreiber „Shorty" passt mit einer Größe von 11 cm in jede Hosentasche und liegt dank seiner Sechskantform angenehm in der Hand. Bleibt nur noch die schwierige Frage, für welche der 16 verschiedenen Farben man sich entscheidet. Von Woerther, über meinnotizbuch.de, 9,90 Euro

Spoil yourself

Lieblingsstücke

ES SIND DIE BESONDEREN DINGE, ÜBER DIE WIR UNS

AM LÄNGSTEN FREUEN. ZUM BEISPIEL DIESE HIER

KUECHENZIRKUS.DE

Schneidebrett „Willkommen": Für das Familienunternehmen Studio Roof aus Amsterdam steht diese Siebdruckdame für Gastfreundschaft ✻ 29,50 Euro

Frühstück

EMILUNDPAULA.DE

Ob rot, lila, rosa, gelb, blau oder grün: Mit den Buttermessern aus Melamin von Rice kommt Farbe auf den Frühstückstisch. 6 Stück ✱ 11,90 Euro

STELTON-STORE.DE

Kaffeezubereiter im Design der klassischen Isolierkanne von Erik Magnussen: Kaffeepulver rein, heißes Wasser drauf, runterdrücken, fertig ✱ 54,95 Euro

FINENORDIC.DE

Klare Ansage: Auf der hübschen Keramikdose „Carla" von Bloomingville steht drauf, was drin ist ✱ 17,90 Euro

GESCHENKEFUERFREUNDE.DE

We all live in a yellow submarine… Na gut, immerhin unser Tee geht auf Tauchgang in dem knallgelben Silikon-Tee-Ei in U-Boot-Form ✱ 9,95 Euro

Ein guter Tag fängt morgens an.

Deutsches Sprichwort

TING-SHOP.COM

Lustige Gesellschaft: „Bordfolk" – so heißen die handbemalten „Tischmenschen"-Eierbecher der dänischen Firma Lucie Kaas ✱ 14,50 Euro

STORIES-HAMBURG.DE

Wie aus Toast & Co. ein kleines Kunstwerk wird, zeigt Ida Frosk in ihrem Buch *Kunst aufessen* (Kunstmann) ✱ 16 Euro

CONNOX.DE

Die Illustratorin Maija Louekari hat das Muster für den Becher von Marimekko auf den Punkt gebracht ✱ 18,50 Euro

KLEVERING.COM

Nicht perfekt ist auch gut: Tellerset „Imperfect Colour" mit Goldrand von Anouk ✱ 59,95 Euro

Greenery

FOUND4YOU.DE

So sieht die Pantone-Farbe des Jahres 2017 aus: „Greenery". Für das Farbforschungsinstitut symbolisiert sie einen Neubeginn ✱ Becher, 14,50 Euro

MINIMARKT.COM

Die Reflexionen auf den Wellen im nächstgelegenen Hafen inspirierten das schottische Designduo Tom Pigeon zu dieser Karte ✱ 4,50 Euro

CHARLESANDMARIE.DE

Für den hauseigenen Sofazoo: streichelzahmes Eichhörnchen von Ross Menuez für Areaware ✱ 28 Euro

ECCO-VERDE.DE

Weckt Sommergefühle: Die „Citrus Hand- und Nagelcreme" von Weleda duftet nach sizilianischen Orangen und Zitronen. 50 ml ✱ 7,45 Euro

„Grau, teurer Freund, ist alle Theorie, und grün des Lebens goldner Baum."

Aus: „Faust I", Johann Wolfgang von Goethe (1749–1832)

ADERO.DE

Die Tischleuchte „Blom" erinnert an eine Blume – durch Verstellen ihrer „Blütenblätter" lässt sich die Lichtintensität regulieren ✱ 148 Euro

PHOTOWALL.DE

Es kann so schön sein, die Wand anzustarren – zumindest wenn auf dieser die Fototapete „Wall of fresh leaves" klebt ✱ 32 Euro/m²

NUNIDO.DE

Drinnen wie draußen schön: der apfelgrüne Kufenstuhl „Gliss" von Jan Kurtz ✱ 145 Euro

WINKEL VAN SINKEL
Wexstraße 28
20355 Hamburg
winkelvansinkel.de

Hier baumelt Zierpfeffer, dort gedeihen Tillandsien, dazwischen verstecken sich Papierwaren und Accessoires junger holländischer Labels: Bei Zelda Czok gibt es ausgefallene Pflanzen und andere Raritäten zu entdecken.

Du triffst mit deinem Konzept den Nerv der Zeit... Ja, aber Pflanzen sind so viel mehr als ein Dekotrend. Sich die Natur zurück ins Haus zu holen ist Ausdruck des Bedürfnisses, „grüner" zu leben. Dazu gehört auch, auf Massenware zu verzichten und lieber wenige ausgewählte Stücke zu besitzen.

Was schätzt du an deinem kleinen Laden besonders? Die gemütliche Atmosphäre. Die Menschen können hier in Ruhe stöbern, sich inspirieren lassen, bekommen aber auch Beratung, welche Pflanze in welchen Raum passt oder welcher Pflege sie bedarf.

„Grünpflanzen sehen hübsch aus und verbessern obendrein das Raumklima."

DESIARY.DE
Wasserspender: 1,5 Liter fasst der mundgeblasene Glaskrug von LSA ✱ 38 Euro

CHARLESANDMARIE.DE
Ob als Türstopper oder Buchstütze: Der „Roller Stop" von Designer Harry Allen ist ein Hingucker ✱ 175 Euro

IKEA.COM
Ein Korb ist ja auch irgendwie eine Tasche. Und davon kann man nie genug haben ✱ 9,99 Euro

Weekender

SELEKKT.COM
Reisetasche von Vanook aus einem Baumwollstoff, der auch zur Herstellung von Zelten verwendet wird – wasserfest und besonders leicht ✱ 398 Euro

STILKISTE.DE
Praktischer Begleiter aus weichem Leder: Henkeltasche „Travel" von House Doctor verreist mit zusätzlichem Schulterriemen ✱ 279 Euro

YOOX.COM
Auf Zickzackkurs: schlichtes Stauraumwunder von Pijama, das sich bei Nichtgebrauch ganz klein machen kann ✱ 65 Euro

AVOCADOSTORE.DE
„Lisboa" vom Label Manbefair ist handgefertigt, fair produziert aus Eco-Leder, zwei Außen- und drei Innenfächer sorgen für guten Überblick ✱ 129 Euro

> „Eine Reise ist ein Trunk aus der Quelle des Lebens."
>
> **Christian Friedrich Hebbel**
> (1813–1863)

ZALANDO.DE
Ursprünglich wollte die dänische Firma Rains nur die klassische Regenjacke neu interpretieren – nun gibt's auch Taschen für Schietwetter ✱ 79,95 Euro

FREITAG.CH
Nachhaltig stabil: „R516 Hilten" aus gebrauchten Lkw-Planen kann auch als Rucksack getragen werden ✱ 490 Euro

KANKEN.DE
Strahlemann: „Duffel No. 5" trotzt dank seines strapazierfähigen Materials Schmutz und Feuchtigkeit, 30 Liter Stauraum bieten ausreichend Platz für alles, was am Wochenende mitmuss ✱ 99,95 Euro

Gemma O'Brien beim Gestalten eines Murals für den Eingang zu einem neuen Foodcourt in einem Einkaufszentrum in einem Vorort Sydneys

Spoil yourself
Kreativität

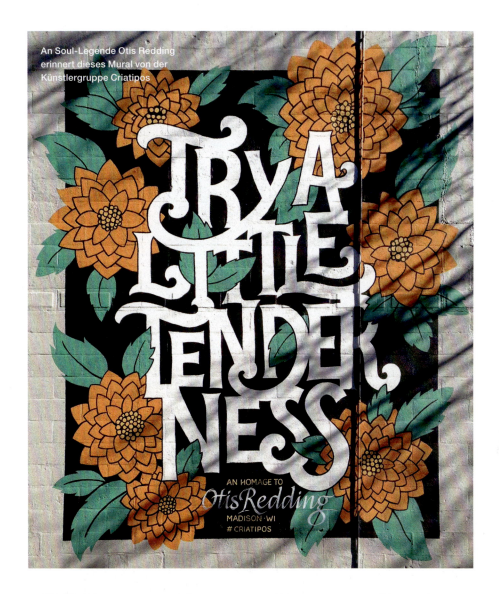

An Soul-Legende Otis Redding erinnert dieses Mural von der Künstlergruppe Criatipos

Wandmalereien

MAN SIEHT SIE ÜBERALL, DRINNEN UND DRAUSSEN, IN CAFÉS, MUSEEN, AN HÄUSERN ODER SCHULEN: MURALS, TOLL GESTALTETE ZITATE, DIE GANZE WÄNDE FÜLLEN. KREATIVE ERZÄHLEN, WAS SIE AN DIESER KUNSTFORM SO FASZINIERT

„MURALS SIND EIN WUNDERBARER WEG, IN UNSERER DIGITALISIERTEN WELT MEHR HANDARBEIT INS DESIGN ZU BRINGEN"

Seit vier Stunden steht Gemma O'Brien schon auf der Leiter, führt den Pinsel über die Backsteine und malt mit Hingabe an einem L. Der Buchstabe gehört zu einem Zitat: „People who love to eat are always the best people". Gemma malt es riesengroß in den Eingang zu einem Foodcourt in Sydney. In Zukunft werden Menschen genau wegen dieses Zitats herkommen. Denn die Wandgemälde der 29-jährigen Australierin sind mittlerweile auf der ganzen Welt zu finden, in ihrem Heimatland, den USA und Europa. Gemma ist eine der berühmtesten Vertreterinnen einer neuen Form der Wandmalerei, in deren Mittelpunkt meist Zitate oder starke Worte stehen.

Anders als die Street-Art, die auch davon lebt, dass sie ungefragt und manchmal illegal entsteht, sind Murals oft Auftragsarbeiten, die an Wänden von Cafés, Läden oder Schulen entstehen. Auch Museen und Galerien lassen, statt Bilder aufzuhängen, gleich die Wände bemalen. Und noch etwas ist besonders an diesem Trend. Er setzt die Liebe zu inspirierenden Worten fort: Illustrierte Quotes sind in Magazinen, Büchern und den sozialen Netzwerken schon lange zu finden, an Wänden entfalten sie eine ganz neue Kraft. Gemma glaubt, das ist das Geheimnis für den Erfolg der Murals: „Es ist ein wunderbarer Weg, in unserer digitalisierten Welt wieder mehr Handarbeit ins Design zu bringen, das ja sonst oft am Computer entsteht. Auch für den Betrachter. Die direkte Verbindung mit den Materialien, die uns umgeben, die Größe lässt die Menschen eine stärkere Verbindung zu dem Werk fühlen, es ist echt." Und man kann manchmal sogar zusehen, wie es entsteht. Gemma malt gern live vor Publikum, manchmal übermalt sie ihr Werk auch gleich wieder, kaum dass es fertig ist. All die Arbeit, und nichts bleibt, stört sie das nicht? „Nein, im Gegenteil, ich mag diese Vergänglichkeit. So muss man da sein, um es zu sehen, bevor es für immer weg ist. Und das ist doch der Kern von Erfahrungen, sie warten nicht auf dich, sind nicht immer und überall verfügbar – sie passieren, wie das Leben. Und Erfahrungen sind das, was bleibt, ein Bild muss das nicht unbedingt."

WAND UND FARBE SPÜREN

Für besonders gestaltete Buchstaben hat sich Gemma schon immer interessiert, war aber eigentlich für Jura eingeschrieben, als sie an einem Workshop teilnahm, in dem man lernte, mit einer alten Buchstabenpresse umzugehen. „Es hat mich fasziniert", sagt sie, „die Buchstaben aus Metall in meinen Händen zu fühlen. Von da an war ich wie besessen von der Geschichte der Typografie, verschiedenen Handschriften und Texten, die mich im Alltag umgeben." Sie wechselt in den Studiengang Design und macht sich einen Namen mit ihren Illustrationen und Letterings. Als das Fremantle Arts Center sie bittet, eine Wand zu gestalten, begeistert sie die Größe, die auf Wänden möglich ist. „Ich liebe die Präsenz, die meine Werke so bekommen. Und es hat einen geradezu therapeutischen Effekt auf mich, dass ich mein Werk, die Wand und die Farbe mit den Fingern spüre und mich anders als am Schreibtisch mit dem ganzen Körper bewegen muss."

Gemma zeichnet zunächst eine Skizze, wirft sie mit einem Projektor an die Wand, zeichnet die Konturen mit einem Bleistift nach und greift anschließend zum Pinsel. Dann kann es ganz schnell gehen, „das schnellste Mural hatte ich in 24 Stunden fertig, am aufwendigsten habe ich sechs Tage mit zehn Assistenten gemalt." Die Größe ist eine besondere Herausforderung, vor allem für Gemma: „Viele benutzen einen Scherenlift, um an die hohen Stellen zu kommen. Aber als ich zum ersten Mal da drauf stand, habe ich gemerkt, dass ich Höhenangst habe. Ich mache also nur Murals, für die eine Leiter ausreicht." Ihre Inspiration sammelt sie auf der ganzen Welt und am liebsten offline. „Ich fotografiere alles, was ich schön finde, alte Buch- oder Schallplattencover, ein Kreideschild vor einem Café. Das sammle ich in einem Ordner, und wenn ein neues Werk ansteht, blättere ich mich da durch."

MALEN IM SCHNEESTURM

Ben Johnston hat sich schon immer gerne auf Wänden ausgetobt. Der 29-jährige Mural-Künstler aus Toronto hat als Teenager Graffitis gesprüht, arbeitete eine Weile als Grafikdesigner, kehrte dann zurück zur Wandkunst und >

1. Die Australierin Gemma O'Brien ist eine der berühmtesten Vertreterinnen der neuen Form der Wandmalerei
2. Gemmas *Love*-Kubus war Teil einer Outdoorausstellung in Sydney
3. Das *Good Vibes*-Mural entstand im Auftrag einer Schreibwarenkette, Gemma malte es bei einem Event live im Shop
4. Gemma beim Gestalten eines riesigen *OK* – Teil einer Einzelausstellung ihrer Werke in Laguna Beach, Kalifornien

Cristina und Cyla vom Künstlerkollektiv Criatipos vor ihrem *Perhappiness*-Mural. Es ist ihre kreative Umsetzung eines Ein-Wort-Gedichts des brasilianischen Dichters Paulo Leminski.

„MURALS WERDEN LEBENDIG. JEDER INTERPRETIERT SIE ANDERS FÜR SICH. DAS IST DAS SPANNENDE"

verbindet Malen und Sprühen auch heute in seinen Werken. Und das nach wie vor am liebsten draußen. „Das Wetter kann es einem echt schwer machen, vor allem hier in Kanada", erzählt er. Er hat schon bei eisiger Kälte und in Schneestürmen gearbeitet, aber auch in der glühenden Sonne Südafrikas, wo er eine Weile lebte, bei über 40 Grad. „Ich liebe diese Herausforderung. Und dann sind Außenwände so unterschiedlich beschaffen. Glatte Mauern erlauben mehr Details, Backsteine oder unebene Fassaden beeinflussen das Design, das muss man bedenken. So entsteht jedes Mural unter ganz eigenen Bedingungen und jedes ist auf seine Art besonders."

Dieses Besondere, das Eigene, haben Murals nicht nur für die Künstler. Sie sind im öffentlichen Raum für jeden zu sehen, ziehen die Aufmerksamkeit auf sich, viele sprechen spontan über sie. „Murals werden lebendig", erzählt Ben, der es liebt, mitzubekommen, wie die Menschen auf seine Werke reagieren. „Ich schaue gern bei Instagram oder anderen Netzwerken rein, was die Leute schreiben, wenn sie meine Werke fotografieren und posten. Jeder interpretiert sie anders für sich. Das finde ich spannend."

EIN UMSTRITTENES WERK

Da Murals Buchstabenkunst, Illustration und Design vereinen, liegt es nahe, dass sich mancherorts Kreative aus den verschiedenen Disziplinen zusammenschließen – so wie die Brasilianer Cristina Pagnoncelli (32), Cyla Costa (34), Eduilson Coan (33) und Jackson Alves (39), die sich Criatipos nennen. Dass sie gemeinsam Wände gestalten, war eher einen spontane Idee: „Wir waren einfach gute Freunde und fanden, wir müssten mal vom Computer weg und als Künstler mehr kooperieren." Cristina hatte für ein Café in ihrer Heimatstadt Curitiba schon mal eine Wand im Chalkboard-Stil illustriert, zusammen malten sie zunächst Chalkboards für zwei Bars, dann engagierte sie eine Brauerei für eine Live-Installation auf dem Lollapalooza Festival in São Paulo. Von da führte Auftrag zu Auftrag, inzwischen ist ihr Kollektiv in der Szene ziemlich bekannt. „Unsere Arbeit prägt es enorm, dass wir im Team arbeiten", sagt Cristina, „wir lernen viel voneinander und vertrauen der Kunst der anderen. Das macht uns noch kreativer und auch freier. Manchmal hat einer eine Idee, ein anderer entwickelt sie weiter, manchmal entwickeln wir zu viert etwas, was zwei von uns dann malen, wobei sich das Motiv noch mal verändert." Die Criatipos halten sich im Kreativprozess gern möglichst viel offen. Das war auch beim *Perhappiness*-Mural so. „Wir wollten alle schon immer etwas mit dem Gedicht des brasilianischen Dichters Paulo Leminski machen, das nur aus diesem einen Wort besteht: Perhappiness", erzählt Cristina. „Die genaue Form und die Zierelemente aber sind erst entstanden, nachdem wir diese Mauer in Brooklyn gefunden hatten und loslegten. Jetzt sind wir sehr glücklich mit dem Ergebnis." Die Brooklyner sind es auch.

So läuft es nicht immer. In Philadelphia etwa haben die Criatipos ein Mural mit einem Zitat aus J. D. Salingers Roman *Franny und Zooey* gemalt: „This goddamn phenomenal world." „Wir dachten, das ist doch ein wunderbarer positiver Satz. Aber ein paar Menschen aus der Nachbarschaft fühlten sich durch das Wort ‚gottverdammt' in ihren religiösen Gefühlen verletzt", erzählt Cyla. „Wir haben versucht, ihnen zu erklären, dass das ein Zitat aus einem berühmten Buch ist, das auf dem Lehrplan vieler Schulen steht. Aber es nützte nichts. Am Tag, an dem wir abfuhren, war das Wort übermalt. Erst waren wir traurig, aber dann fanden wir es interessant, wie Murals eine Diskussion in ihrer Umgebung auslösen können. Und außerdem wird unser Werk so nachhaltig diskutiert, es steht jetzt auf dem Lehrplan der Universität von Pennsylvania in einer Vorlesung über ‚Skandalöse Kunst'."

„Es ist toll, zu sehen, wie Wandmalereien immer beliebter werden", sagt Cristina. „Seit wir vor fünf Jahren angefangen haben, sind viele interessante neue Künstler dazugekommen, und wir freuen uns sehr, ein Teil dieser Kunstform zu sein." Haben sie einen Rat für angehende Wandmaler? „Denkt nicht zu viel nach", sagt Cyla, „macht euch einfach die Hände schmutzig und fangt an! Die Inspiration findet euch, wenn ihr dabei seid." ●

---

1. Noch mal Gemma O'Brien: Das florale Hexagon war Teil einer ausschließlich von Frauen bestückten Kunstausstellung in Sydney
2. Der Zauber liegt im Detail: Cyla beim Ausgestalten des *Perhappiness*-Murals in Brooklyn
3–5. Der Kanadier Ben Johnston sprühte als Teenager Graffitis. Heute verbindet er in seinen Murals Malen und Sprühen – am liebsten draußen, wo Wind, Wetter und der Untergrund ihn herausfordern

TEXT **MAJA BECKERS** IDEE **EVA-MARIA KOWALCZYK** FOTO **CAROL COLES, CYLA COSTA, AMELIA J DOWD, RICARDO PERINI**

Frei im Denken – und in der Liebe

Lou Andreas-Salomé

NIETZSCHE WILL SIE HEIRATEN, RILKE SCHREIBT IHR GEDICHTE, FREUD VERNEIGT SICH VOR IHR. LOU ANDREAS-SALOMÉ WAR PHILOSOPHIN, SCHRIFTSTELLERIN UND EINE PIONIERIN DER PSYCHOANALYSE – UND SIE HAT DIE BÜRGERLICHEN VERHÄLTNISSE AUF DEN KOPF GESTELLT

Friedrich Nietzsche hatte für das Foto alles genau arrangiert. „Hier, Paul, Sie und ich, wir stellen uns vor den Karren wie Pferde", hat er vielleicht gesagt. „Und das Fräulein Lou sitzt oben und schwingt die Peitsche." Paul Rée war nicht begeistert, machte aber mit. Nietzsche fand das lustig und glaubte, so ein Foto (siehe Seite 104) würde doch ihr Verhältnis perfekt festhalten. Denn das 21-jährige Fräulein Lou hatte kurz vorher die Heiratsanträge beider Männer abgelehnt. Die drei waren eng befreundet, nannten sich die „Dreifaltigkeit" und diskutierten Tag und Nacht über Philosophie, Gott und die Menschen. Genau so und nicht anders wollte Lou es haben. Sie war verliebt in die Philosophie. Heiraten wollte sie nie, denn das bedeutete für eine Frau damals normalerweise das Ende ihrer Arbeit und ihrer Freiheit, also habe sie überhaupt „mit dem Liebesleben abgeschlossen", wie sie verkündete.

Doch es sollte ganz anders kommen. Sie sollte beides haben, sollte Romane und wichtige Beiträge zur Philosophie schreiben, als eine der ersten Psychoanalytikerinnen eine Praxis eröffnen und gleichzeitig viele Liebhaber haben. Ihre Biografin Kerstin Decker nennt sie „die erste Intellektuelle Deutschlands", und bis heute fasziniert die Menschen die Frage, welche Rolle Namen wie Friedrich Nietzsche, Rainer Maria Rilke oder Sigmund Freud in ihrem Liebesleben spielten, die sie allesamt verehrten.

AM SCHLECHTESTEN ANGEZOGEN

Louise von Salomé hatte schon als Kind keine Lust, sich an starre Regeln zu halten. Und davon gab es viele, denn sie wird 1861 im russischen St. Petersburg als sechstes Kind und einziges Mädchen von Louise von Salomé und dem hoch angesehenen General Gustav von Salomé geboren. Die Familie lebt im prunkvollen Wohnbereich des Außenministeriums, schräg gegenüber vom Zaren. Man spricht Deutsch und Französisch und trifft sich täglich um vier Uhr im Speisesaal, wo hinter jedem Stuhl ein Diener steht. In dieser Umgebung war Louise das am schlechtesten angezogene Kind weit und breit. Sie hasste die unbequemen Kleider, lief lieber in einfachen „Russenkitteln" herum. Der Vater lässt seiner einzigen Tochter viel durchgehen. Louise fühlt sich von ihm sehr geliebt und wird immer selbstbewusster. Als sie sich beschwert, wie langweilig die Schule ist, besorgt der Vater einen Privatlehrer. >

> "WIR WOLLEN DOCH MAL SEHEN, OB NICHT DIE ALLERMEISTEN SOGENANNTEN ‚UNÜBERSTEIGLICHEN SCHRANKEN' SICH ALS HARMLOSE KREIDESTRICHE HERAUSSTELLEN"

Früh schon liest sie Spinoza, Leibniz, Kant, wird geradezu süchtig nach geistigem Austausch. Von einem ihrer Lehrer bekommt sie den Kosenamen Lou, den sie beibehält.

HEIMLICHE TREFFEN

Lou ist entschlossen zu studieren und geht nach Zürich, wo es eine der wenigen Universitäten gibt, an der Frauen dies dürfen. Sie schreibt sich für Philosophie und Kunstgeschichte ein und sitzt auch des Nachts so viel in kalten Bibliotheken, dass sie nach einem halben Jahr ein hartnäckiges Lungenleiden bekommt. Ihre Mutter, die ohnehin nicht begeistert ist, dass ihre Tochter studiert, holt sie ab und zieht mit ihr nach Rom, damit sie in der Wärme gesund wird. Aber auch dort spinnt Lou ihre Fäden weiter. Sie freundet sich mit dem Philosophen Paul Rée an. Spät am Abend, wenn ihre Mutter schläft, treffen sie sich, laufen durch die Straßen und philosophieren. Paul will bald mehr, bittet um ihre Hand, aber Lou will nicht. Trotzdem bleiben sie bis zu seinem Tod enge Freunde.

Paul will ihr unbedingt einen Freund vorstellen, Friedrich Nietzsche, damals 36 und noch unbekannt. Mit einem gewissen Sinn für Dramatik arrangieren sie ein Treffen im Petersdom. Als Friedrich ihr unter der Kuppel zum ersten Mal gegenübersteht, sagt er: "Von welchen Sternen sind wir uns hier einander zugefallen?" Und tatsächlich, es scheint eine Schicksalsbegegnung zu sein. Ab da sind die drei unzertrennlich, reisen zusammen, diskutieren und korrigieren gegenseitig ihre Texte. Lou arbeitet gerade an ihrem ersten Roman, der *Im Kampf um Gott* heißen wird und dessen Hauptfigur ein tragischer Held ist und viel Ähnlichkeit mit Friedrich Nietzsche hat. Der ist geradezu besessen von Lou. Sie sei die Einzige, die ihn versteht, er nennt sie "Geschwistergehirn" und findet sie eben wegen der Tatsache, dass sie die bürgerliche Ehe ablehnt, umso anziehender. Zweimal bittet er sie, ihn zu heiraten. Als sie beide Male ablehnt, arrangiert er das berühmte Peitschenfoto. Im Gegensatz zu Paul aber kommt er mit der Ablehnung nicht zurecht, beschimpft Lou als "dürres, schmutziges Äffchen mit falschen Brüsten" und wird auch viele Jahre später noch zwischen Bewunderung und Wut schwanken. Viele sagen, neben der Syphilis hat vor allem die unglückliche Liebe zu Lou ihn verrückt gemacht.

DER TRAUM VON DER DENKER-WG

Lou und Paul aber haben Glück und finden in Berlin einen Vermieter, der ihnen eine Wohnung überlässt, obwohl sie nicht verlobt sind. Hier wird für kurze Zeit ihr Traum von einer Denker-WG wahr, in der man zusammen in der Küche sitzt und schreibt. Selbstbewusst notiert Lou: "Wir wollen doch mal sehen, ob nicht die allermeisten sogenannten ‚unübersteiglichen Schranken', die die Welt zieht, sich als harmlose Kreidestriche herausstellen!" Sie gründen einen Studienzirkel in Berlin, in dem Lou meist die einzige Frau ist und bald von allen "Exzellenz" genannt wird, während Paul die "Ehrendame" ist. Die Rollen sind vertauscht, Lou ist glücklich. Aber außerhalb dieser Kreise gibt es Gerede über das "unmoralische Lotterleben", das "diese Russin" führt. Auch ihre Mutter findet, sie sollte nach Hause kommen, droht, ihr das Geld zu streichen. Lou beeilt sich, ihren Roman zu veröffentlichen, damit sie eine Begründung hat, zum Schreiben in Berlin zu bleiben, und es funktioniert. *Im Kampf um Gott* wird ein großer Erfolg, die Mutter ist erst mal still. Und auf das Gerede der Leute gibt Lou ohnehin nichts, sie sagt: "Die Welt, sie wird dich schlecht begaben, glaube mir's! Sofern du willst ein Leben haben: raube dir's!"

Mit 25 lernt sie den 42-jährigen Orientalisten Friedrich Carl Andreas kennen, und wie viele vor ihm ist er so fasziniert von dieser schönen, klugen Frau, dass er sie auf der Stelle heiraten will. Zum ersten Mal gerät Lou ins Wanken. Sie ist wieder nicht verliebt, aber sie fühlt eine Verbindung, die sich nach "Vermählung statt Freundschaft" anfühlt. Männer haben für Lou schon alles Mögliche getan, aber Friedrich Carl ist der Dramatischste. Als er eines abends bei ihr ist, nimmt er sein Taschenmesser und sticht es sich in die Brust. Wenn er >

1. Pionierin der Psychoanalyse: Lou mit Sigmund Freud in den späten 1920er-Jahren
2. Die kleine Lou mit ungefähr drei Jahren
3. Verlobungsbild mit Friedrich Carl Andreas, 1886
4. Lou mit ihren Cousinen
5. Die Eltern: Gustav und Louise von Salomé
6. Teenagerzeiten: Lou mit ungefähr 16 Jahren
7. Eigenwillige Schönheit: Lou 1890
8. Stolzer Vater: Gustav von Salomé mit seiner einzigen Tochter, der er viel durchgehen ließ

„Sofern du willst ein Leben haben: raube dir's!" – so lautet Lous Motto

RILKE IST DER ERSTE MANN, MIT DEM SIE SCHLÄFT, UND ER IST VERRÜCKT NACH IHR. ABER LOUS NEUGIER UND FREIHEITSLIEBE ZIEHEN SIE WEITER

sie nicht haben kann, will er nicht mehr leben, sagt er. Lou ist entsetzt und ruft nach einem Arzt. Friedrich Carl kann gerettet werden, am Tag darauf verkünden sie ihre Verlobung. Allerdings muss er ihr versprechen, ihr alle Freiheiten zu lassen, ja sogar dass sie die Ehe nie körperlich vollziehen, sondern wie Freunde zusammenleben werden. Vielleicht ist es ihr Zugeständnis an gesellschaftliche Erwartungen. Friedrich Carl ist einverstanden, er nimmt, was er kriegen kann.

ZUM ERSTEN MAL VERLIEBT

Das Paar lebt in Berlin, Friedrich Carl arbeitet an der Universität, Lou schreibt den Roman *Ruth*. Er handelt von ihrer Kindheit und enthält philosophische Abhandlungen über Frauen, die sie für das „stärkere Geschlecht" hält, weil Männer ihren Trieben so ausgesetzt seien. Und dann, eines Tages, da ist sie schon 36, verliebt sie sich doch noch. Ein junger Dichter namens René Maria Rilke schreibt ihr Briefe, in denen er ihre Schriften bewundert. Sie gehen einmal ins Theater, danach schickt er ihr Gedichte, die er *Lieder der Sehnsucht* nennt: „Ich weiß, dass du aus Einsamkeiten/Dem großen Glück entgegenschreiten/Und meine Hände finden wirst." Das ist ganz schön frech. Aber es beeindruckt sie. Es ist sentimental – ohne zu sentimental zu sein. René ist erst 21 Jahre alt, doch sie fühlt sich zu ihm hingezogen, besonders wegen seiner weiblichen Seite, wie sie später sagen wird.

Die beiden werden ein Paar und verbringen den Sommer in einem Bauernhaus, für Lou der schönste Sommer ihres Lebens. Sie schreiben zusammen, und sie korrigiert seine Gedichte, die sie manchmal etwas schwülstig findet, hilft ihm, seinen Stil zu finden. Er ist der erste Mann, mit dem sie schläft, und er ist verrückt nach ihr. Weil sie ihn Rainer nennt, nennt er sich von da an immer so. Vier Jahre bleiben sie zusammen. Aber Lous Neugier und Freiheitsliebe ziehen sie weiter. Rainer wird ihr zu anhänglich, zu neurotisch. Als sie einmal durch einen Akazienwald wandern, will er plötzlich umkehren, weil er sich einbildet, an einem bestimmten Baum nicht vorbeigehen zu können. Aber Lou kehrt niemals um. In ihrem philosophischen Aufsatz *Das Liebesproblem,* der kurz darauf erscheint, schreibt sie, es gebe in der Welt das „Homogene, Sympathische, Vertraute einerseits, und das uns Unverwandte, Fremde, Feindliche andererseits". Entweder fühle man sich dazu hingezogen, sich ins Fremde zu erweitern, oder aber umgekehrt, sich zusammenzuziehen, zu verengen und die Außenwelt abzulehnen. Letzteres macht Rainer für ihren Geschmack viel zu sehr, sie selbst will sich lieber erweitern. Rainer ist am Boden zerstört, als sie sich von ihm trennt, aber sie bleiben bis zu seinem Tod engste Vertraute.

SPÄTE BERUFUNG

Von da an aber hat Lou Gefallen gefunden an der Liebe. Sie bleibt mit Friedrich Carl verheiratet, sie ziehen nach Göttingen in ein großes Haus außerhalb der Stadt, das sie „Loufried" nennen. Aber beide führen wie vereinbart eigene Leben. Friedrich Carl bekommt ein Kind mit der Haushälterin. Als jene stirbt, adoptiert Lou das „kleine Mariechen". Und Lou hat ihre Affären, zunächst mit dem Wiener Arzt Friedrich Pineles, bis auch der sie heiraten will. Der nächste Geliebte, ein schwedischer Nervenarzt, nimmt sie mit zum Kongress der Internationalen Psycho- >

```
LOUS LEBEN IM FILM
„Gehst du zum Weibe, vergiss die Peitsche
nicht!" Für einen von Nietzsches bekann-
testen Aussprüchen ist Lou Andreas-Salomé,
die ihn zurückwies, mitverantwortlich.
„Du warst der Abgrund, der mich verschlang",
schrieb Rilke. Gleichzeitig inspirierte
sie das Schaffen ihrer berühmten Gegenüber,
war selber Vordenkerin und Gelehrte. 2016
wurde Lous Leben verfilmt, inzwischen
gibt es das Porträt dieser außergewöhn-
lichen Frau auch auf DVD (Eurovideo).
```

NEU

haarmilch

INDIVIDUELL FÜR JEDE HAARSTRUKTUR.

DIE ERSTEN MASSGESCHNEIDERTEN SHAMPOOS, DIE TROCKENES, GESCHÄDIGTES HAAR REGENERIEREN, OHNE ZU BESCHWEREN. MIT NATÜRLICHEN MILCHPROTEINEN UND EUCERIT®.

NIVEA PFLEGT HAARE SCHÖN.

NIVEA.de   #NiveaHaarmilch

Die „Dreifaltigkeit" (1882): Lou mit Paul Rée und Friedrich Nietzsche, der das Bild arrangierte

analytischen Vereinigung nach Weimar. Hier trifft sie auf Sigmund Freud, und ihre Neugier hat jetzt, mit 51 Jahren, ein neues Thema gefunden: die Psychoanalyse. Lou geht einige Monate bei Freud in Wien in die Lehre. Er bewundert ihren tiefen Drang, alles auf der Stelle begreifen zu wollen, und sagt, er sei vielleicht der offizielle Erfinder der Psychoanalyse, aber eigentlich habe Lou das alles in ihren Romanen schon vorweggenommen. Ihr Verhältnis bleibt freundschaftlich, Lou gönnt sich lieber Affären mit seinen Jüngern.

Auf Loufried eröffnet sie, mit 60 Jahren und als eine der ersten Frauen in Deutschland, eine Praxis für Psychoanalyse. Es ist, als würde ihre Energie und die Lust, „sich zu erweitern", keine Grenzen kennen. Nach Friedrich Carls Tod lebt sie hier zusammen mit Mariechen und ein paar Nutrias, seltene Sumpfbiber, die sie wegen ihres schönen Fells hält. Dass die Nationalsozialisten in dieser Zeit immer mächtiger werden, findet sie furchtbar. An Anna Freud, mit der sie eng befreundet ist, schreibt sie, die Nachbarn klebten die Hakenkreuze jetzt sogar schon „auf ihre Fensterscheiben… Richtig vernünftig sprechen kann man jetzt hier eigentlich nur noch mit den Nutrias." Sie hat Diabetes und ein schwaches Herz und muss ihre Patienten schließlich im Liegen empfangen. Im Februar 1937 stirbt sie im Schlaf, mit 76 Jahren.

Ihre Bücher und Essays, die damals so wegweisend waren, stehen heute leider etwas im Schatten derer ihrer berühmten Freunde, Kollegen und Liebhaber. Aber sie wirkt in diesen weiter, in Rilkes Gedichten, die durch sie ihren Stil fanden, in Freuds Psychoanalyse, die sie mitgeformt hat, in Nietzsches Philosophie, die, wie er selbst sagte, ohne sie nie zustande gekommen wäre. Und sie inspiriert bis heute, weil sie ihrer eigenen Neugier und Lust auf das Leben immer gefolgt ist, ganz nach ihrem Grundsatz: „Alles dürfen – nichts bedürfen". Sie hat sich von niemandem aufhalten lassen, Nietzsche nannte sie „mutig wie eine Löwin". Das konnte sie sein, weil sie ein tiefes Vertrauen in das Leben hatte: „Ich hatte immer das Gefühl, dass hinter mir offene Arme sind, die mich auffangen." ●

Spoil yourself
Rezepte

Seit über zehn Jahren haben Nadine Horn und Jörg Mayer tierische Produkte aus ihrem Leben gestrichen. Verzicht bedeutet das für die Foodblogger nicht. Oft reicht ihnen ein Gewürz oder Saisongemüse als Inspiration für ein neues Rezept, manchmal weckt auch ein Fleischgericht ihren Ehrgeiz, eine vegane Variante zu entwickeln. Ihre leckeren Rezepte teilen die Ulmer auf **eat-this.org** und in ihren vier Kochbüchern.

DREI VERSCHIEDENE VEGANE BROTAUFSTRICHE

BROTZEIT

Bleibt die Küche kalt, muss das Essen nicht spartanisch ausfallen. Dafür sorgen zum Beispiel die feinen veganen Brotaufstriche von Nadine Horn und Jörg Mayer

Zutaten für 150–250 g:

MEDITERRAN: 90 g Sonnenblumenkerne * 30 g getrocknete Tomaten (ohne Öl) * 30 g Rucola * 1 El Olivenöl * 1 Tl Oregano * 3 El Tomatenmark * 3 El Wasser * ½ Tl Salz

SCHWEDISCH: 80 g Sonnenblumenkerne * 1 El Kokosöl * 50 g gekochte weiße Bohnen * ½ kleine frische Rote Bete * 1 El Zitronensaft * 1 El Dill * ½ Tl Salz * ½ Tl Agavendicksaft * 2 El Wasser * 3 kleine Essiggurken

DEFTIG: 100 g Sonnenblumenkerne * 1 Tl Kokosöl * ½ Zwiebel * 1 Tl gemahlener Kümmel * 50 g gekochte weiße Bohnen * ½ Tl Salz * 1 El Zitronensaft * 2 El Wasser * ¼ Tl Agavendicksaft

Für alle drei Brotaufstriche gilt: Sonnenblumenkerne über Nacht in Wasser einweichen, dann alle Zutaten mit einem Mixer fein pürieren und mit Salz abschmecken. Hinweise:

MEDITERRAN: Die getrockneten Tomaten 10 Minuten in heißem Wasser einweichen.

SCHWEDISCH: Kokosöl bei niedriger Hitze schmelzen. Essiggurken würfeln, nur unterrühren.

DEFTIG: Zwiebeln würfeln und in Kokosöl glasig dünsten. ●

Rezepte für Brot und Brötchen gibt's übrigens auch auf eat-this.org

FOTO NADINE HORN, JÖRG MAYER/EAT-THIS.ORG

EIN HOCH AUF DIE FÜNFZIGERJAHRE

Von der geblümten Tapete bis zur „Sunlicht"-Seife im Regal, von der Badewanne auf Füßen bis zu den Formica-Stühlen: Das Haus von Julie Vrijens in Antwerpen ist mit Liebe zum Detail komplett im Stil der Fünfzigerjahre eingerichtet

Julie vermietet zwei Zimmer als Bed & Breakfast.
In diesem Raum wird den Gästen das Frühstück serviert

```
NAME: Julie Vrijens
ORT: Antwerpen
SEIT: 2010
WAS: Wohnhaus
mit B&B Bakeliet,
Bar Bakeliet und
Laden Red Juliet
```

„DIE ZEIT UND STIMMUNG DER ROCK-'N'-ROLL-PARTYS MÖCHTE ICH GERN EIN WENIG FESTHALTEN"

Nicht nur die Wohnung der flämischen Modedesignerin Julie Vrijens (38), sondern auch ihr Atelier, ihr Büro und ihr Laden atmen die Atmosphäre der Vierziger- und Fünfzigerjahre. So ziemlich alles, was Julie und ihr Mann Tim (45) tun, hat eine Verbindung zu den schillernden Jahrzehnten Mitte des vorigen Jahrhunderts. „Wenn ich früher auf Rock-'n'-Roll-Partys war, hatte ich manchmal wirklich das Gefühl, in einer anderen Zeit gelandet zu sein, und bedauerte, nicht damals schon gelebt zu haben", erzählt Julie. „Ich kam mir vor wie in einem alten Hollywoodfilm: die Kleidung, die Musik, die Autos, die Farben, die Möbel, so ästhetisch und liebevoll gemacht. Aber letztendlich hat unsere heutige Zeit auch ihr Gutes, und glücklicherweise kann man den Stil von damals gut mit den Annehmlichkeiten von heute kombinieren." Das Schöne ist, dass man bei Julie und Tim auch übernachten kann, sie führen das Bed & Breakfast Bakeliet, das nach dem Kunststoff benannt ist, der in den Fünfzigerjahren die Alltagswelt prägte. Dort können die Gäste in die Welt von damals eintauchen. Es gibt sogar einen Plattenspieler – mit Vinyl-LPs für den passenden Soundtrack.

ALTE LIEBE ROSTET NICHT
„Die Liebe zu den Fünfzigerjahren ist eine Konstante in meinem Leben. Ich pflege sie schon seit meiner Jugend. Tim auch. Wir haben sie beide von zu Hause mitbekommen. Tim vor allem von seinem Großvater Marcel, der einen Citroën DS fuhr und als DJ arbeitete, genau wie Tim es heute tut. Ich habe die Begeisterung für jene Zeit von meiner Mutter. Sie führte ein Café namens Chantant, in dem nostalgische Kostümfeste veranstaltet wurden. Als ich 16 war, schenkten mir meine Eltern mein erstes Vintagemöbelstück. Sie wussten, dass ich authentische Möbel liebe. Es war ein rostiges Bett aus Schmiedeeisen, das ich selbst aufgearbeitet habe. Heute steht es im Zimmer meiner Tochter Kato. Und kaum zu glauben: Für unser B & B habe ich genau so ein Bett noch mal gefunden – nur als Doppelbett. Tim hat auch bereits als Teenager angefangen, Vintagesachen zu sammeln. Unsere gemeinsame Begeisterung hat uns gleich zusammengeschweißt. Wohnt man wie wir, sollte man schon denselben Geschmack haben."

JÄGER UND SAMMLER
„Außer dem B & B führen wir seit Kurzem ein Bistro namens Bar Bakeliet, das wir selbst eingerichtet haben. Innenausstattung- und gestaltung macht mir großen Spaß. Am liebsten würde ich das beruflich machen – hätte ich nicht schon mit meinem Modelabel Red Juliet genug zu tun. Auch in diesem Bereich kann ich meine Liebe zu den Vierziger- und Fünfzigerjahren ausleben. Die Eleganz, das Stilvolle, die gute Passform und die Qualität, die die Kleider damals hatten, inspirieren mich beim Entwerfen meiner Kollektionen. Ein Charakteristikum meines Labels ist das Rückendekolleté. Ich finde es so reizend und weiblich, dass ich es in jeder meiner Kollektionen berücksichtige. Jahrelang waren Tim und ich auf Flohmärkten, Basaren und in Trödelläden auf der Jagd nach schönen alten Sachen. Wir sind echte Sammler. Tim noch mehr als ich. Zurzeit bekommen wir die meisten Sachen durch die Facebook-Gruppe, die Tim gegründet hat: The Vintage Market. Wir haben damit nur aus Liebe zum Vintagedesign angefangen, aber die Gruppe wuchs überraschend schnell. Inzwischen hat sie mehr als 25 000 Mitglieder. Wir haben auch schon einen Vintagemarkt in Antwerpen veranstaltet. Es gab Stände mit >

1. „Wenn ich irgendwo pastellfarbenes Geschirr sehe, muss ich es unbedingt mitnehmen"
2. Die Tapete und der Kronleuchter gehören noch zur Originalausstattung des Hauses
3. Altes Foto von dem Platz, an dem Julies Haus steht. Die Kirche wurde im Krieg zerstört
4. Julie an ihrer alten Verkaufsvitrine, in der viele inspirierende Stücke ausgestellt sind
5. Der Frühstücksraum des B & B mit Formica-Tischgruppe
6. Plattenspieler im Zimmer Charlie
7. Eine Minimähmaschine in der Vitrine in Julies Laden. Sie gehört zur Sammlung der Vintagenähutensilien
8. Entwurfdetails aus der Sommerkollektion von Red Juliet

„ICH VERSUCHE, DEN STIL DURCHZUZIEHEN, ABER AUCH NICHT ZU STRENG ZU SEIN"

ADRESSEN FÜR VINTAGEFANS:

* **Retrokaufhaus**
  Online oder im Kölner Ladengeschäft gibt es viele bunte Alltagsgegenstände aus den Fünfziger- bis Siebzigerjahren zu entdecken. retrokaufhaus.de

* **69m²**
  Der Conceptstore in Düsseldorf erinnert an eine echte Wohnung und paart darin altes mit neuem Design. 69m2.de

* **Designbutik Stiels**
  Skandinavische Klassiker und die typischen Farben, Formen, Muster locken in den Hamburger Shop. stiels-designbutik.com

* **Flex!**
  Neben Interieurschätzen versteckt sich in dem Nürnberger Lädchen auch Mode der Rockabilly-Ära. flex-nbg.de

ausgewählten Schätzen, Foodtrucks und Livemusik. Wenn wir jetzt etwas brauchen – wie neulich zum Beispiel ein altes Tischfußballspiel für unser Bistro – setzen wir ein Gesuch auf die Facebook-Seite. Manchmal bekommen wir innerhalb einer Minute schon Zuschriften. Die Seite ist natürlich irgendwie gefährlich, du siehst so viele interessante Dinge, die du dann auch gern haben willst. Die spannendsten Fundstücke sind die, mit denen eine Geschichte verknüpft ist. Zum Beispiel unsere Arne-Jacobsen-Stühle, die wir im Keller von Tims Vater entdeckt haben. Sie stammen von Tims Oma, die ein beliebtes Tanzcafé in Löwen in der Region Flandern geführt hat: das Café Pie de Nijper. Nach der Expo 58 in Brüssel hatte sie den ganzen Bestand der dort verwendeten Flügelstühle aufgekauft. Wir haben noch acht dieser Exemplare gefunden, hässlich grau gestrichen. Fünf Stück konnten wir wieder in den Originalzustand bringen.

Unser Haus wurde 1904 gebaut und steckt ebenfalls voll mit Geschichte. Die Tapete im Gang und im Treppenhaus gehört zum Beispiel noch zur Originalausstattung. Im Krieg ist ein Riss in der Wand entstanden, als eine Bombe auf die damals noch am Platz stehende Kirche fiel. Wir haben es bewusst so gelassen. Wenn wir etwas am Haus verändern oder Sachen anschaffen, sind wir sehr kritisch. Trotzdem besitzen wir einen Flachbildfernseher. Mit drei Kindern ist es schwierig, auf ein Fernsehgerät zu verzichten. Wir sind nicht so streng. Ich versuche aber, den Stil so gut wie möglich durchzuziehen. Mein Büro und mein Atelier zu Hause sind deshalb auch vollständig im Stil der Fünfzigerjahre eingerichtet. Ich könnte nicht in einem Raum mit grauen Standardmöbeln arbeiten. Insbesondere wenn ich kreativ sein will und entwerfe, muss ich mich in meiner Umgebung wohlfühlen."

SPRUDELNDE IDEEN

„Red Juliet, aber auch das B & B und die Bar Bakeliet wären nie entstanden, wenn Tim und ich im Jahre 2010 nicht von Wezemaal, einem Dörfchen bei Löwen, nach Antwerpen gezogen wären. Wir haben dort sieben Jahre gewohnt, zwei unserer drei Kinder sind dort geboren. Es gefiel uns, aber wir fragten uns irgendwann: Wollen wir hier alt werden, oder wünschen wir uns neue Herausforderungen? Wir beschlossen, nach Antwerpen zu ziehen. Ich spürte sofort, wie die Ideen sprudelten. Borgerhout, die Gegend, in der wir wohnen, ist sehr kreativ, aufstrebend und lebendig. Schon vorher hatte ich eine Modelinie im Kopf. Hier begegnete ich den richtigen Leuten, um meine Ideen verwirklichen zu können. Innerhalb von drei Monaten habe ich einen Laden in unserem Haus eröffnet und vor der Haustür auf der Straße meine erste Modenschau veranstaltet. Inzwischen bin ich mit dem Laden ins Zentrum gezogen. Antwerpen hat uns wirklich neuen Schwung gegeben. Unser Haus selbst auch. Früher habe ich davon geträumt, in einem großen alten Herrenhaus wie diesem zu wohnen. Noch heute müssen wir uns gelegentlich in den Arm kneifen, um sicher zu sein, dass unser Traum wirklich wahr geworden ist." ●

....

* B & B Bakeliet – Laar 22, bb-bakeliet.be
* Bar Bakeliet – Kroonstraat 172
* Red Juliet – Lange Koepoortstraat 78, redjuliet.be

....

TEXT **CHRIS MUYRES** FOTO **CAROLINE COEHORST** STYLING **HELMA BONGENAAR**

Den Spitznamen Inkymole (übersetzt: tintenschwarzer Maulwurf) bekam Sarah J. Coleman in der Schule, weil sie stark kurzsichtig ist, deshalb eine dicke Brille trug und zudem bereits als Kind viel Tinte verbrauchte. Heute benutzt sie ihn als Pseudonym. Über 400 Buchtitel hat die Britin bereits gezeichnet. Diese Illustration entwarf sie für den Kalender einer Modemarke, der jeden Monat ein Produkt zeigt. Und was könnte im April besser passen als ein Regenschirm? inkymole.com

MAKE IT SIMPLE

Es muss gar nicht so kompliziert sein

FÜR UNTENDRUNTER

Er lässt sich in drei verschiedene Formen krempeln und heißt deshalb auch so: Der „Krempel" ist ein flexibler Tischuntersetzer, dem heiße Töpfe nichts anhaben. Nach dem Essen wandert er flach gefaltet zurück in die Küchenschublade. 16,95 Euro, oha-design.de

FREUDE AM LESEN WECKEN

Manchen Menschen fällt das Lesen schwer. Damit sie dennoch gern zum Buch greifen, gibt der Spaß am Lesen Verlag Literatur in einfacher Sprache heraus, darunter Werke wie *Tschick*, *In 80 Tagen um die Welt* oder *Ziemlich beste Freunde*. Genauso spannend geschrieben wie das Original, aber in einfachen Worten, kurzen Sätzen und einer lesefreundlichen Struktur. spassamlesenverlag.de

Raumwunder

Mit zwei einfachen Handgriffen lässt sich der Tagesrucksack von Aevor von 18 auf 28 Liter vergrößern und trägt Einkäufe, Sportklamotten oder das Gepäck für den Wochenendausflug ans Ziel. Sein hübscher Stoff besteht zu 50 Prozent aus recycelten PET-Flaschen und ist wasserabweisend. Verschiedene Modelle, 79,90 Euro, aevor.com

FLÜSSIGSNACK

Ein Loch im Bauch und keine Mahlzeit in Sicht? Dann sind die Drinks von Friya zur Stelle: Die flüssigen Sattmacher gibt es in zwei Sorten, entweder mit Chiasamen, Limette und Ingwer oder Basilikumsamen, Rosenblüte und Weichselkirsche. Vegan, ohne Zuckerzusatz, 6 Flaschen à 200 ml, 14,34 bzw. 14,49 Euro, friya.at

DATENSCHUTZ

Eigentlich wissen wir, dass es nicht sicher ist, und trotzdem: Eine Umfrage des Internetportals web.de ergab, dass fast 60 Prozent von uns für mehrere oder gar alle Onlinedienste dasselbe Passwort benutzen. Guter Tipp, um verschiedene Passwörter zu kreieren und sie sich auch zu merken: Für jeden Dienst jeweils einen passenden Satz ausdenken und die Anfangsbuchstaben wählen.

SAG'S MIT EINEM POSTER

Ob zur Geburt, zum Jubiläum oder einfach so: Auf printcandy.de kann man individuelle Poster gestalten und drucken lassen. Größe, Motiv, Schriftart und Farben lassen sich auf der Website auswählen, hinzu kommt ein eigener Text oder ein vorgeschlagenes Zitat. Noch schneller geht es mit dem DIY-Download: Gestaltete Datei herunterladen, ausdrucken, und schon hält man sein Poster in den Händen. Ab 7,50 Euro, versandkostenfrei

„Mit ein paar Blumen in meinem Garten, einem halben Dutzend Bildern und einigen Büchern lebe ich ohne Neid."

Lope de Vega,
spanischer Dichter (1562–1635)

HAUPTSTADTLIEBE

Touristenattraktionen findet man nicht in den Stadtplänen von Oooh, Berlin!, dafür besondere Cafés, Läden und Sehenswürdigkeiten, die unter Einheimischen als Geheimtipp gelten. Anika Oehme und ihr Mann Chris Foster sind die Macher der illustrierten Karten. Die beiden lernten sich während des Studiums in London kennen und leben inzwischen in der Hauptstadt. Unter ooohberlin.com verraten sie ihre Lieblingsadressen – nach Stadtteil sortiert, kostenlos herunterzuladen.

Auf Herz und Nieren

Damit man beim Kauf eines Gebrauchtwagens keine böse Überraschung erlebt, bietet der TÜV Nord vielerorts in Deutschland den „Vertrauenscheck" an. Experten nehmen den Gebrauchten unter die Lupe, prüfen Karosserie, Motorraum, Reifen und Bremsen und entlarven mögliche Unfallschäden. Dauer: 30 Minuten, 89 Euro, tuev-nord.de

TEXT SARAH ERDMANN FOTO GETTY IMAGES, PLAINPICTURE

Make it simple

Gärtnern

Gemüse ziehen – so gelingt es doch

Warum werden aus den Samen nie richtige Pflanzen? Caroline Buijs hat herausgefunden, wie es auch ohne grünen Daumen klappt mit ihrem kleinen Küchengarten

Für jemanden, der normalerweise nur ein paar Sukkulenten in der Wohnung hat, sah meine Fensterbank im vergangenen Jahr auffallend üppig aus. Brokkoli, Paprika, Spinat, Auberginen, Frühlingszwiebeln, Walderdbeeren und krause Petersilie, alles stand voll mit kleinen Anzuchtschalen. Wie viele meiner Freundinnen und Kolleginnen hatte mich ein Gartenvirus erfasst, ich hantierte mit Gießkanne und Wassersprüher, und nach einiger Zeit waren tatsächlich hier und da ein paar grüne Halme sichtbar. Die Keimlinge wurden größer und größer und konnten meiner Meinung nach schon bald ins Freie umziehen.

Leider waren die Anleitungen, die ich mit den Samen bekommen hatte, längst im Müll verschwunden. Aber die Sonne schien, und ich hatte das Bedürfnis, mir die Hände schmutzig zu machen. Also steckte ich alle Pflänzchen in ein paar Kübel und freute mich auf laue Sommerabende, an denen ich Mahlzeiten mit selbst gezogenem Gemüse servieren würde samt frischen Walderdbeeren (und Sahne) zum Dessert. In diesen Tagträumen blieb mein Gartenprojekt allerdings stecken. Zwar konnte ich nach einiger Zeit drei, vier Radieschen und etwas krause Petersilie ernten, die anderen Pflanzen aber verkümmerten kläglich.

EINE ART URGEFÜHL

In diesem Frühjahr will ich einen neuen Versuch starten: Mein Traum vom selbst geernteten Gemüse will mir nicht aus dem Kopf. Zudem habe ich das Bedürfnis, das an mir vorbeirauschende Leben ab und zu kurz anzuhalten, indem ich draußen an der frischen Luft nach meinen Pflanzen schaue und die Erde auflockere. Untersuchungen von Agnes van den Berg, Psychologin und Dozentin für Naturerleben an der Universität Groningen, haben ergeben, dass das Arbeiten in einem Nutzgarten tatsächlich ein effektives Mittel zur Stressverminderung sein kann. Bei Personen, die nach einer stressigen Tätigkeit eine halbe Stunde in ihrem Gemüsegärtchen wühlten, wurde ein niedrigerer Stresshormonspiegel festgestellt als bei denen, die eine halbe Stunde lasen. Wenn du mit den Händen in der Erde gräbst, wird der Kopf frei, und du verspürst ein Urgefühl, sagen Gartenliebhaber. Es ist eine elementare, überschaubare Tätigkeit, und du hast die Gewissheit, dass die Lebensmittel aus deinem Garten gut sind – nicht gespritzt und nicht genmanipuliert.

MANGELNDE KENNTNISSE

Nun habe ich leider nicht gerade einen grünen Daumen, wie sich auch im vorigen Jahr wieder zeigte. Deshalb bereite ich mich diesmal besser vor. Ich habe mir einen Stapel Gartenbücher geschnappt, in denen erklärt wird, wie es klappt mit dem Säen, Pflanzen und Ernten. So habe ich entdeckt, dass meine Ernte beim ersten Versuch wahrscheinlich deswegen ausgefallen ist, weil ich zwei wesentliche Fehler gemacht habe: Ich habe meine Pflänzchen viel zu früh ins Freie gesetzt – sie waren einfach noch nicht kräftig genug. Außerdem standen die Kübel an einer Stelle mit zu wenig Sonne. Und ohne die gedeiht Gemüse nicht. Bevor es dir so geht wie mir, lies deshalb erst mal, wie man mit einem einfachen Nutzgarten anfängt, auch auf dem Balkon oder im Innenhof.

Lieber zunächst nur vier Köpfe Salat säen und einige Wochen später wieder vier als zwanzig Köpfe auf einmal

1. BEVOR DU ANFÄNGST

Was Pflanzen brauchen
Nach meinen Erfahrungen vom vergangenen Jahr habe ich mich zunächst einmal mit den elementaren Bedürfnissen von Pflanzen beschäftigt. Diese sind:

* **Ausreichend Sonnenlicht** Sorgt für starke und gesunde Pflanzen mit schönen grünen Blättern.
* **Luft** Pflanzen atmen mit allem: Blättern, Stielen und auch den Wurzeln, deshalb ist lockere Erde gut.
* **Wasser** Gemüse, das wenig Wasser bekommt, schmeckt nicht so gut: Blattgemüse werden bitter und Radieschen knüppelhart. Deshalb sollte die Erde Wasser gut speichern können.
* **Nahrung** Einen großen Teil ihrer Nahrung erzeugen Pflanzen selbst, je kleiner das Pflanzgefäß, desto eher brauchen sie auch zusätzliche. Gute, nährstoffreiche Erde ist deshalb sehr wichtig.
* **Platz** Man kann es sich kaum vorstellen, wenn man die winzigen Pflanzensamen sieht – und doch entwickelt sich daraus eine stattliche Pflanze. Berücksichtige dies, wenn du die Samen in der Erde verteilst. Pflanzen, die zu dicht stehen, nehmen Schaden, weil sie nicht genug Licht, Luft und Nahrung aufnehmen können.

Pflanzgefäße
Fehlt ein Garten, kannst du auch prima in Töpfen, Kübeln und Kästen aus Ton, Metall, Holz oder Kunststoff Gemüse anbauen. Ganz wichtig ist, dass sie Abzugslöcher haben. Sonst muss man welche hineinbohren, damit das Wasser sich nicht darin staut und die Wurzeln faulen lässt. Sehr praktisch sind Minihochbeete, die man sich bauen oder kaufen kann. Sie haben den Vorteil, dass die Erde im Frühjahr schneller Wärme aufnimmt und überschüssiges Wasser besonders leicht ablaufen kann.

Grundsätzlich eignen sich 20 bis 25 Zentimeter tiefe Gefäße gut für viele Gemüse, die nicht so groß werden und flache Wurzeln haben, wie zum Beispiel verschiedene Salatsorten, Kohlrabi, Radieschen, Erdbeeren. „In größeren Pflanzbehältern von etwa 40 Zentimeter Tiefe und Durchmesser gedeihen auch wüchsigere Sorten, etwa Paprika, Buschtomaten oder ein Rosmarinstrauch", schreiben Birger Brock und Tobias Paulert alias die Ackerhelden in ihrem Buch *Biogärtnern für Einsteiger*.

Pflanzenerden
Es lohnt sich, nicht am falschen Ende zu sparen und billige Supermarkterde zu kaufen. Hochwertige Universal- oder Blumenerde ohne Tonanteil ist ideal für die meisten Nutzgewächse. Für größere oder längerlebige Pflanzen sollte man Kübelpflanzenerde verwenden, denn sie trocknet nicht so schnell aus und hält die Nährstoffe länger. Wer Biogemüse ernten will, kauft am besten auch Bioerde, die ausschließlich organisch gedüngt ist – konventionelle Erde enthält oft viel chemischen Dünger. Steine, Tonscherben oder Styroporstücke am Gefäßboden verbessern den Wasserablauf.

2. AUSSAAT

Gemüsesorten auswählen
Es klingt sehr einfach: „Säe, was du ernten möchtest." Tatsächlich aber bauen viele Leute Gemüse an, das sie überhaupt nicht mögen. Oder in Mengen, die sie nie aufessen können. Es ist also sinnvoll, zu überlegen, was und wie viel man ernten möchte. Und lieber zunächst nur vier Köpfe Salat zu säen und einige Wochen später wieder vier als zwanzig Köpfe auf einmal.

Wenn du zum ersten Mal Gemüse aussäst, sind anspruchslose und schnell wachsende Sorten wie Rucola, Radieschen und Gartenkresse am besten. Die kannst du bereits nach ein bis zwei Wochen ernten, das motiviert zum Weitermachen. Als Nächstes kannst du es dann zum Beispiel mit Kopfsalat, Möhren, Mangold und Zuckererbsen versuchen. Schwierige Gemüsesorten sind unter anderem Auberginen, Paprika, Blumenkohl und Brokkoli: Sie nehmen viel Platz in Anspruch und sind anfällig für

Ungeziefer und Krankheiten. Auch Zucchini brauchen viel Platz, allerdings gibt es auch rankende Sorten.

Schau auf den Aussaatkalender
Viele Bücher über Gemüsegärten enthalten einen Aussaatkalender. Darin steht, welche Sorten zu welchem Zeitpunkt gesät werden. Auf den Samentütchen steht es natürlich auch, aber so ein Kalender verschafft eine gute Übersicht. In der Regel kannst du im März oder April mit der Aussaat beginnen. Bis ungefähr Mitte Mai kann allerdings immer noch Nachtfrost auftreten – Gemüsesorten wie Tomaten und Salatgurken vertragen keinen Frost, deshalb sollte man diese erst danach säen.

So säst du
„Viel hilft nicht viel, im Gegenteil! Wenn du zu viel und zu dicht säst, entsteht unter den keimenden Pflänzchen Konkurrenz", schreiben die Ackerhelden. Mache als Erstes die Erde schön locker, zerteile größere Klumpen und wässere dein Substrat. Dann keimen die Samen besser, und kleinere Samen werden nicht gleich weggeschwemmt, wenn du wieder gießt. Ziehe für feines Saatgut eine Rille und streue es dünn hinein. Für größere Samen drückst du ein etwa einen Zentimeter tiefes Loch in die Erde und gibst zwei oder drei Samen hinein, da manchmal nicht alle Samen aufgehen. Stecke ein Schildchen mit dem Gemüsenamen zu den Samen, damit du später weißt, was an der betreffenden Stelle wächst.

Vorziehen
Was ich im vergangenen Jahr ganz am Anfang meines Gartenexperiments gemacht habe – mit all den kleinen Saatschalen auf der Fensterbank – nennt sich „vorziehen". Im Grunde genommen ist es aber eine wenig geeignete Prozedur, wenn du zum ersten Mal dein Glück mit dem Gemüseanbau versuchst. Drinnen ist es nämlich meist zu warm und zu trocken. Deshalb wachsen oft nur mickrige Pflänzchen mit viel zu langen Stielen und kleinen gelben Blättern heran. Besser ist es, gleich draußen in die Pflanzgefäße zu säen. Auberginen und Tomaten allerdings gedeihen ohne Vorziehen nicht. Du kannst aber vorgezogene Pflänzchen beim Gärtner kaufen. >

NOCH MEHR LESEN & MACHEN

* Ackerhelden: *Biogärtnern für Einsteiger* (Dorling Kindersley, 14,95 Euro) – die Autoren, Birger Brock und Tobias Paulert, verpachten auch vorbepflanzte, biozertifizierte Gartenparzellen über ackerhelden.de, eine gute Alternative für alle, die keinen Garten oder großen Balkon haben. In ihrem Buch erklären sie die Basics für angehende Gemüsegärtner.

* Kay Maguire: *Frische Ernte ohne Garten. Obst und Gemüse aus dem Topf* (Dorling Kindersley, 17,50 Euro) – die Gartenexpertin zeigt, wie Gärtnern auf kleinstem Raum funktioniert. Schritt für Schritt erklärt sie 30 kleine Pflanzprojekte.

* Joachim Meyer: *Minihochbeete. Selbstversorgt auf Balkon und Terrasse* (GU, 8,99 Euro) – hier findet man Pflegetipps, Pflanzenporträts geeigneter Gemüse- und Obstsorten und speziell auf die kleine Fläche angepasste Pflanzvorschläge.

* Beim Anlegen von Gemüse- und Kräuterbeeten ist auch die App *Der Gemüse Gärtner* hilfreich (nur für iOS). Die kostenlose Basisversion enthält je neun Gemüse- und Kräutersorten. Für 0,99 Euro erhält man Tipps zu allen Kräuter- und für 2,99 Euro zu allen Gemüsesorten.

„Essen Sie echte Lebensmittel, nicht zu viel, vorwiegend Pflanzen", schreibt der Journalist und Philosoph Michael Pollan in seinem Buch 64 Grundregeln Essen

„Bestellen Sie Ihren Garten und ernten Sie die Früchte für die anderen."

Paul Bourget (1852–1935), französischer Schriftsteller

3. PFLEGE

Sorge dafür, dass die Erde locker und luftig ist. „Einmal hacken ist besser, als dreimal gießen", geben die Ackerhelden als Faustregel aus. Im lockeren Boden wachsen die Wurzeln besser und können leichter Feuchtigkeit und Nährstoffe aufnehmen. Außerdem ist es wichtig, genug Platz für die einzelnen Pflanzen zu schaffen, indem du kleine und schwächliche Keimlinge herausziehst, wenn sie zu eng stehen. Man kann Pflanzen grob in vier Größen unterteilen, entsprechend viel Abstand brauchen sie – klein: Radieschen oder Möhren, Pflanzabstand 7,5 cm; mittelgroß: Rote Beten, Pflanzabstand 10 cm; groß: Kopfsalat und Mangold, Pflanzabstand 15 cm; sehr groß: Erdbeeren, Pflanzabstand 30 cm.

Wasser gehört zu den Grundbedürfnissen deiner Pflanzen. Die Erde sollte stets feucht sein, aber auch nicht tropfnass. Du kannst einen Eimer zu deinen Gefäßen stellen, der nach Möglichkeit immer mit Regenwasser gefüllt ist. So wird das Wasser von der Sonne gewärmt – das lieben die Pflanzen, denn ihre Wurzeln nehmen es dann gut auf. Wärmer als 20 Grad sollte es allerdings nicht werden, im Hochsommer muss man also aufpassen. Verwende zum Wässern eine Gießkanne ohne Brauseaufsatz oder einen Becher und gieße das Wasser direkt an den Fuß der Pflanze, sodass es rasch zu den Wurzeln kommt.

müssen dafür nicht immer ausgewachsen sein. Nach rund acht Wochen ist beispielsweise ein Salatkopf ausgewachsen. Du kannst aber bereits nach etwa fünf Wochen ein paar Blätter abschneiden (nicht zu viele, das Salatherz weiterwachsen lassen). Wenn du verschiedene Salatsorten ausgesät hast, kannst du schon bald jeden Tag Salat essen. Bei Spinat, Rucola, Feldsalat und Mangold funktioniert das auch. „Grundsätzlich sollte man lieber etwas früher als zu spät ernten, dann ist das Gemüse zarter und knackiger", schreiben die Ackerhelden.

Ist ein Pflanzgefäß abgeerntet, kannst du es immer wieder neu bestücken. Nimm die alten Pflanzenreste und Wurzeln heraus und mische eine ordentliche Portion Kompost unter die Erde. Schau auf dem Aussaatkalender nach, was du jetzt aussäen oder pflanzen könntest. Du solltest das Gefäß nicht zweimal für Pflanzen aus der gleichen Familie verwenden. Hast du nur wenige Gefäße? Dann ist es eine gute Idee, im Laufe der Saison beispielsweise Rucola oder Salat in Anzuchtschalen vorzuziehen. So kannst du schneller wieder ernten, als wenn du erst aussäst, wenn eins der Gefäße leer geworden ist. ●

4. ERNTE

Ernten kannst du im Grunde instinktiv, also wenn das Gemüse gut und appetitlich aussieht – und du es auch zeitnah aufessen willst. Salate, Gemüse und Kräuter

Für alle angehenden Gemüsegärtner haben wir ein Poster gemacht, das beim Säen und Ernten hilft. Hier findest du es

TEXT **CAROLINE BUIJS** ILLUSTRATION **LIEKELAND**

Das ganze Jahr säen und ernten

Gemüsegartenposter

Weil bei uns die Anleitungen, die man mit all den Töpfchen und Tütchen bekommt, immer verschwinden, haben wir einen Gemüsegartenkalender erstellt. Er zeigt schön übersichtlich, was zu welcher Zeit in die Erde muss und wann du dich mit deiner Schere ans Ernten machen kannst. Zeigst du dann auf Instagram, ob es gelingt? #flowgemuese

Make it simple

Museumsbesuche

Kunst genießen

OFT BEDEUTET EIN MUSEUMSBESUCH, MÖGLICHST VIELE WICHTIGE WERKE ABZUKLAPPERN. WIE VERÄNDERT ES DAS KUNSTERLEBNIS, WENN MAN SICH STATTDESSEN NUR WENIGE HERAUSPICKT UND SICH FÜR SIE RICHTIG ZEIT NIMMT?

Wie wäre es, sich im Museum auf eine Bank zu setzen und ein Gemälde eine Stunde lang zu betrachten? Eigentlich eine schöne Vorstellung. Doch nehmen wir uns diese Ruhe oft nicht, wenn wir uns Kunst anschauen. „Warum eigentlich?", fragte sich der Unternehmer Phil Terry vor zehn Jahren und wagte ein Selbstexperiment. In einer Ausstellung im Jewish Museum in New York verweilte er eine Stunde vor einem abstrakten Gemälde des Expressionisten Hans Hofmann. Dann ging er zum nächsten Werk und blieb wieder eine Stunde sitzen. „Nach dieser Erfahrung fühlte ich mich erfüllt. Ich hatte den Eindruck, die Ausstellung wirklich erlebt zu haben", erzählt Terry im Rückblick. Die positive Wirkung dieses langsamen, aufmerksamen Museumsbesuchs ließ ihn nicht los. Er entwickelte die Idee weiter, kreierte eine Website, auf der er einen alljährlichen „Slow Art Day" ausrief und ausrichtete.

Inzwischen wird dieser Tag jährlich von über 200 Museen weltweit begangen, in Brüssel, Barcelona, Paris, Boston (leider ist bisher noch kein deutsches Haus dabei). Das simple Konzept: Allein oder in einer kleinen Gruppe setzt man sich innerhalb einer Stunde vor nur vier, fünf Bilder, betrachtet sie eingehend und ohne Vorinformation. Anschließend tauscht man sich mit den anderen über das, was man erlebt hat, aus. „Wenn wir uns für Kunst Zeit nehmen, machen wir ganz andere Entdeckungen", so Terry. Man achtet noch mehr auf die Details oder darauf, welche Gefühle das Bild auslöst. „Ich finde es wichtig, dass wir Kunst unvoreingenommen erleben können – wir brauchen keine Vorbildung", sagt Terry, der sich sicher ist, dass man durch den ruhigen Blick nicht nur den Museumsbesuch mehr genießen kann. Nach und nach gewinnt man auch größeres Vertrauen in das eigene ästhetische Empfinden.

SCHAUEN UND STAUNEN

Ausstellungsplanerin Gundy van Dijk ist ebenfalls der Meinung, dass es sich lohnt, Kunst mit mehr Zeit, Sorgfalt und Intuition zu betrachten. Und das geht auch ohne Aktionstag oder besonders gestaltete Ausstellungen. Man könne auch selbstständig eine neue Art des Schauens ausprobieren. Van Dijk bezieht sich häufig auf das Konzept des „Visual Thinking", wenn sie Ausstellungen konzipiert. Erdacht hat es Shari Tishman von der Harvard Graduate School of Education. Die Erziehungswissenschaftlerin hat verschiedene neue Möglichkeiten gefunden, mit denen wir Bildbände, Gemälde oder Schautafeln betrachten können. Eine einfache Methode nennt sich „See, Think, Wonder": Wenn man vor einem Gemälde oder einer Skulptur steht, schaut man das Bild zunächst einfach nur an und lässt das, was man sieht, ohne Bewertung wirken. Man sagt sich also zum Beispiel: „Ich sehe dicke schwarze Linien, blaue Striche, sich bewegende Gestalten, Kleckse, zwei verschiedene Schuhe…"

Anschließend geht man ins Denken über, versucht zu ergründen, welche Fragen und Emotionen das Werk in einem auslöst. „Was hat es mit der Figur da auf sich? Gleicht sie einem Vogel oder einer Frau? Warum trägt sie zwei verschiedene Schuhe? Was könnte der Künstler empfunden haben, als er das Gemälde schuf?" Die Antworten, die man auf diese Fragen findet, kann man wieder auf sich wirken lassen – und staunen, welche eigenen Gefühle und Erkenntnisse auftauchen. Natürlich muss nicht jedes Bild ein Aha-Erlebnis auslösen. „Staunen" kann auch eine Verblüffung über eine bestimmte >

Die Konzentration auf Kunst wirkt auf das Gehirn wie eine Belohnung. So kann ein Tag im Museum sogar heilsam und tröstend sein

Farbe sein. Gundy van Dijk rät, die Infotafeln zu den Bildern erst hinterher zu lesen, da einen sonst die Fakten zu sehr beeinflussen. Das Schöne an dieser Art des Schauens sei ja gerade, dass man sich nur auf das konzentriert, was man gerade vor Augen hat. Auf diese Weise gelange man zu persönlicheren Eindrücken und erhöhe die Wahrscheinlichkeit, dass man inspiriert und beschwingt das Museum verlässt.

ERKENNST DU DICH?

Dass wir gerade im Museum oft nicht unvoreingenommen sind, hat Gründe: Gewichtige Werke flößen uns Respekt ein, nicht selten denken wir, es ginge in Ausstellungen vor allem um Bildung oder Kunstkennerschaft. „Gibt es da nicht dieses Bild, dass ich unbedingt gesehen haben muss?", denken wir und rasen weiter in den nächsten Saal. Oder wir machen einen Bogen um ein modernes Gemälde, von dem wir das Gefühl haben, dass wir „eh nicht verstehen, was es soll". Dabei sind sich sogar die Profis aus der Museumsdidaktik mittlerweile einig, dass reine Wissensvermittlung im Museum nicht im Vordergrund stehen kann. Eher geht es darum, Berührungsängste abzubauen. „Es ist ziemlich aus der Mode gekommen, einfach nur Fakten zu vermitteln", sagt die Kunsthistorikerin Elisabeth May vom Osthaus Museum Hagen. Ihr ist es beispielsweise bei Führungen wichtig, dass jeder Besucher, ob vorgebildet oder nicht, einen Zugang zur Kunst bekommen kann. „Bei abstrakten Gemälden frage ich die Leute oft, ob sie sich selbst im Bild wiederfinden", erzählt May. „Meist ist die Frage eine Einladung, mit dem Bild auf eine persönlichere Weise in Kontakt zu treten." Diese Frage kannst du dir auch selber stellen, wenn du einige Minuten vor einem Gemälde verweilst. Damit gibst du dir quasi die Erlaubnis, eine individuelle Verbindung zum Werk aufzubauen – und es wird schnell unwichtig, ob ein Kunstwerk irgendwie „zu unverständlich" oder „zu schwierig" sein könnte.

Auch vor ungewohnt surrealen, abstrakten oder schockierenden Gemälden braucht im Grunde keiner Scheu zu haben. Im Gegenteil: Letztlich sind Bilder, die in uns ambivalente Gefühle auslösen, oft am interessantesten. Das fand eine Gruppe von Mainzer Psychologen heraus, die 39 Versuchsteilnehmern Gemälde zeigte, die zum Teil schön und ästhetisch, zum anderen Teil unverständlich und mehrdeutig waren. In der Studie zeigte sich, dass die Probanden am längsten und liebsten die Bilder anschauten, die ihnen Rätsel aufgaben. Ein surrealistisches Gemälde von Salvador Dalí etwa kann spannend sein – auch wenn man es auf einer rationalen Ebene gar nicht versteht. Wenn man das akzeptiert, wird der Zugang zu scheinbar verrückten und seltsamen Kunstwerken viel leichter.

EIGENE WEGE FINDEN

Natürlich gibt es auch Kunstorte, an denen uns das intuitive und intensive Sehen leicht gemacht wird. Ein solcher Platz ist das Museum Insel Hombroich bei Düsseldorf. Sein Gründer, Karl-Heinrich Müller, hat dort vor 30 Jahren eine Art Kunstlandschaft geschaffen, mit Pavillons,

---

SO KANNST DU DEN MUSEUMSBESUCH NOCH MEHR GENIESSEN

1. Versuche, eine Ausstellung während der ruhigeren Stunden zu besuchen, etwa am späten Nachmittag. Man braucht auch nicht gleich einen ganzen Tag zu investieren, eine halbe Stunde reicht schon.
2. Wenn du einen Saal betrittst, suche dir ein Werk, das dich anspricht oder interessiert.
3. Betrachte die Form, Farben, Figuren, Details. Lass Fragen in dir aufkommen.
4. Mach dir Notizen, wenn du willst. Oder nimm ein Skizzenbuch mit.
5. Betrachte das Werk aus verschiedenen Perspektiven oder gehe darum herum.
6. Nach dem Besuch: Überlege, an was du dich erinnern kannst. Was beschäftigt dich nachhaltig?

(Tipps von der Ausstellungsplanerin Gundy van Dijk)

die mitten in der Natur zwischen Wiesen, Wäldchen und Flüsschen stehen. Auch Tiere gibt es auf der Insel. Alle Pavillons, in denen Kunstwerke präsentiert werden, sind frei zugänglich, Museumswärter gibt es nicht. In den Ausstellungsräumen, ja auf der ganzen Insel findet man keinerlei Beschilderung. In den Räumen werden verschiedene Stile gemischt, sodass sich etwa asiatische Skulpturen den Raum mit abstrakten Gemälden teilen. Der Gedanke, den Müller beim Gestalten verfolgte, ist, dass es viele Wege zur Kunst gibt. Und im Museum Insel Hombroich kann jeder seinen eigenen finden. Kunstsammler Müller war dem Zenbuddhismus zugetan und der Überzeugung, dass eine Einladung zum Selbstschauen und zu einer Suche inmitten von Natur und Kunst eine „verlorene Lust an der Empfindung" zurückbringen kann.

Das Herumstreifen und Schlendern auf einem großen Areal wie einer Insel fördert natürlich die Neugier und die Offenheit. Doch eine Haltung des Schlenderns und Forschens können wir auch in konventionellen Museen entwickeln, wenn wir auch hier den Raum wie ein Gesamtkunstwerk wahrnehmen, in dem wir uns Zeit lassen und uns die Freiheit nehmen, uns nur vor die Werke zu stellen, die uns anziehen. So kommen wir leicht in einen Modus, der in der Achtsamkeitsmeditation und im Zenbuddhismus „Anfängergeist" genannt wird – eine offene Betrachtung der Welt, ohne sich ein Urteil zu bilden, mit wachen Augen wie denen eines Kindes, so als würden wir alles, was ist, zum ersten Mal sehen.

„Auf diese Weise wird das Betrachten von Kunst so gut wie immer belebend und inspirierend", findet Gundy van Dijk. Dass ein Tag im Museum sogar heilsam und tröstend sein kann, davon berichten Slow-Art-Enthusiasten wie Phil Terry immer wieder. Und das ist keineswegs ein rein subjektiver Eindruck. Ein Team von Neuropsychologen konnte vor einigen Jahren zeigen, dass körperlicher Schmerz abnimmt, wenn sich Menschen längere Zeit Bilder anschauen, die sie sehr ästhetisch oder künstlerisch interessant finden. Die Konzentration auf Kunst wirkt auf das Gehirn wie eine Art Belohnung – so stark, dass Schmerzzentren im Großhirn weniger aktiv sind. Im Museum können wir uns also regelrecht entspannen – und die Zeit genießen. ●

UNTERWEGS ZUR KUNST
Vom 10. Juni bis 17. September findet in Kassel die 14. Documenta statt. Überall in der Stadt, auf Plätzen, in Parks, wird Kunst gezeigt. Eine Einstimmung gibt der unterhaltsame Kunstreiseführer *Schneewittchen und der kopflose Kurator* von Christian Saehrendt (Dumont), mit Anekdoten zur Geschichte der Kunstschau und zur Anreise nach Kassel über die „Deutsche Märchenstraße".

So geht's
MARMELADE KOCHEN
TEXT CAROLINE BUIJS

Für 4 Gläser brauchst du:
- 1 Kg frische (selbst gepflückte) Früchte (z. B. Brombeeren, Himbeeren, Erdbeeren oder Heidelbeeren)
- 1 Kg Gelierzucker (für die Haltbarkeit und damit die Marmelade fest wird)
- 1 El Zitronensaft (als Gegenpol zum Zucker)

Außerdem:
- großen hohen Topf • Holzlöffel mit langem Stiel
- Schaumkelle • Trichter
- 4 saubere Marmeladengläser mit Twist-off-Deckel
- Etiketten

1. Früchte putzen bzw. verlesen (dabei eventuell matschige Stellen entfernen) und zerkleinern.

2. Früchte in den Topf geben. Zucker und Zitronensaft mit den Früchten verrühren. Bei mittlerer Hitze unter ständigem Rühren zum Kochen bringen. Die Masse kocht erst dann richtig, wenn auch beim Rühren Bläschen auftauchen. 4 Minuten sprudelnd kochen lassen. Mit der Schaumkelle zwischendurch den entstandenen Schaum abschöpfen.

3. Gelierprobe machen: Ein Löffelchen Marmelade auf einen kleinen Teller geben, der vorher im Kühlschrank gestanden hat. 1 Minute abkühlen lassen. Den Teller schräg halten: Wenn die Marmelade nicht heruntertropft, ist die Konsistenz richtig.

4. Die fertige Marmelade noch heiß durch einen Trichter in die Gläser füllen, dabei die Gläser nicht ganz bis zum Rand füllen.

5. Gläser verschließen und sofort auf den Kopf stellen. Nach 5 Minuten wieder umdrehen. Beim Abkühlen zieht sich die eingeschlossene Luft zusammen, das Glas ist vakuumverschlossen. Etiketten beschriften (Datum nicht vergessen) und auf die Gläser kleben.

6. Die Marmelade ist ungeöffnet 6 bis 12 Monate haltbar. Geöffnete Gläser im Kühlschrank aufbewahren.

ILLUSTRATION KATE PUGSLEY

DIE IDEENGEBERIN
Stillsitzen fällt Lisa Reck schwer. Sie lebt in Berlin, ist Fotografin und Stylistin und betreibt das Blog itsprettynice.com. Sie liebt den skandinavischen Stil und vertreibt in ihrem Onlineshop hejhome.de entsprechende Textilien und Wohnaccessoires.

WANDSCHMUCK

Lederreste landen bei Bloggerin Lisa nicht etwa in der Tonne. Die Bastlerin nutzt sie für hübsche DIY-Projekte, zum Beispiel Wandhalter für Blumen oder Küchenrollen

Spoil yourself
Selber machen

1.
BLUMENVASENHALTER

Du brauchst:
* Holzbretter (z. B. 15 x 15 cm)
* Bilderklappösen samt Nägeln (Baumarkt)
* Einmachgläser (290 ml)
* Lederband (2,5 cm breit, Länge je nach Durchmesser der Gläser)
* Holzschrauben (12 mm)
* Schere, Hammer, Schraubendreher

Und so geht's:

1. Bildaufhänger befestigen
Im Baumarkt quadratische Holzbretter in der gewünschten Größe zuschneiden lassen und die Bilderösen in einer der Ecken festnageln.

2. Lederbänder zuschneiden
Das Lederband dem Umfang der Einmachgläser anpassen. Dafür das Band einmal um den oberen Glasrand legen und mit einer Zugabe von drei Zentimetern abschneiden. Für die weiteren Gläser wiederholen.

3. Lederhalterung befestigen
Nun die zugeschnittenen Lederbänder jeweils zu einem Kreis formen, bis die Enden drei Zentimeter überlappen. So auf dem Holzbrett fixieren, dass das Einmachglas später schön mittig hängt. Am besten vor dem Anschrauben ausprobieren. Die Schrauben werden dann direkt durch das Leder in das Holzbrett gedreht.

4. Einmachgläser einsetzen
Zum Schluss die Einmachgläser von oben in den Lederring einsetzen und bis zum Glasrand schieben. Die Halterung nun an einem Nagel aufhängen und mit Blumen bestücken. Wasser nicht vergessen!

Tipps: Besonders schön wirkt der Halter in Gruppen und mit Schnittblumen unterschiedlicher Sorten.

Wer mag, kann die Holzbretter als Erstes farbig lackieren. Die Halterung kann übrigens auch für kleine Blumentöpfe verwendet werden. Dann darauf achten, dass die Töpfe keine Löcher im Boden haben, damit beim Gießen kein Wasser hinaustropft. >

2. KÜCHENROLLENHALTER

„Ich liebe es, Menschen fürs Selbermachen zu begeistern"

Du brauchst:
* Holzstab (ca. 3 cm Ø, 34 cm lang)
* Lederband (2,5 cm breit, Länge nach Bedarf)
* Lochzange, Schere
* 2 Versandklammern
* Nägel oder Klebestrips für die Wandbefestigung

Und so geht's:

1. Lederbänder zuschneiden
Zuerst zwei Lederbänder auf die benötigte Länge zuschneiden. Die hängt davon ab, wo und in welcher Höhe du die Küchenrolle aufhängen möchtest. Mit einem Maßband direkt am vorgesehenen Ort ausmessen.

2. Löcher stanzen
Mit der Lochzange je zwei Löcher in die Lederbänder stanzen. Dafür ein Lederband vorher um den Holzstab legen und die Position der Löcher markieren. Das Leder sollte straff um den Stab, aber gleichzeitig nicht zu fest sitzen, damit sich der Holzstab zum Wechseln der Küchenrolle später leicht herausnehmen lässt.

3. Stab befestigen
Zunächst ein Lederband am linken Rand so um den Holzstab legen, dass beide Löcher übereinanderliegen. Eine Versandklammer durch die Löcher stecken und die „Ärmchen" auf der Rückseite auseinanderklappen. Mit dem zweiten Lederband auf der anderen Seite des Stabes wiederholen.

Der Küchenrollenhalter kann jetzt an der Wand befestigt werden. Bei normalen Wänden kann man ihn einfach mit zwei längeren Nägeln aufhängen, die oben durch die Lederbänder geschlagen werden. Ist die Wand gekachelt, lassen sich die Lederbänder auch mit doppelseitigem Klebeband befestigen. Da Halter und Küchenrolle nicht besonders schwer sind, reicht diese Art der Befestigung. Zudem lässt sie sich später rückstandslos entfernen. ●

Schönes von Flow

FLOW, EINE ZEITSCHRIFT

OHNE EILE, ÜBER KLEINES GLÜCK

UND DAS EINFACHE LEBEN

ALLES ÜBER FLOW

BIST DU BEREIT FÜR FLOW?
Kleines Glück entdecken und das einfache Leben feiern, darum geht es uns bei Flow. Mit jedem Heft stellen wir für dich mit viel Liebe einen bunten Strauß an Inspirationen, Ideen und Lesenswertem zusammen. Wenn du dich für ein Abo entscheidest, bekommst du die Papiergeschenke mit jeder Ausgabe doppelt. Bestellen kannst du es (pro Ausgabe zum Preis von 6,95 Euro) unter der Telefonnummer (040) 55 55 78 00 oder online. Natürlich kannst du dein Abo jederzeit wieder kündigen.
www.flow-magazin.de/abo

DU WILLST FLOW VERSCHENKEN?
Dann gib uns telefonisch Bescheid unter (040) 55 55 78 00. Oder bestelle das Geschenkabo (8 Ausgaben) für 55,60 Euro direkt online unter **www.flow-magazin.de/geschenkabo**

HIER FINDEST DU UNS
Wir haben eine Website mit allem, was es über Flow zu wissen gibt: vom Blick ins Heft bis zur Ankündigung der nächsten Ausgabe. Außerdem kannst du hier ausgewählte Artikel online lesen.
www.flow-magazin.de

SCHREIB UNS! Wir möchten unsere Leserinnen kennenlernen, deine Wünsche an Flow, Ideen und was dich im Leben bewegt. Lass es uns wissen und schreib uns eine E-Mail an
redaktion@flow-magazin.de

WIR SIND AUF FACEBOOK ...
Hier erzählen wir, was wir gerade machen, zeigen hübsche Sachen aus dem Magazin und was wir sonst noch schön finden. Und wir freuen uns immer über Kommentare.
**facebook.com/
flow.magazin.deutschland**

...UND AUF INSTAGRAM, PINTEREST UND TWITTER
Unsere Lieblingsseiten im Heft, inspirierende Sprüche, all das posten wir auf Instagram. Die schönen Dinge, die wir im Netz finden, kannst du auf unseren Pinterest-Boards anschauen. Und wir zwitschern auch bei Twitter ...
**instagram.com/flow_magazin
twitter.com/FlowMagazin
pinterest.com/flowmagazine**

ILLUSTRATION HAGAR VARDIMON

www.burdastyle.de

... UND WAS DENKT IHR?

**FLOW FRAGT:
WAS MACHT DICH GLÜCKLICH?**

Eure Meinung ist uns wichtig! Deshalb stellen wir euch ab jetzt regelmäßig eine Frage auf Facebook und Instagram. Eine Auswahl eurer Antworten präsentieren wir euch dann hier. Macht mit unter #flowfragt

„Ein Lachanfall meines Sohnes: unbekümmert, aus tiefster Seele und ansteckend."
@sewinggum69

@kyancheng_illustration

„Morgens aufstehen und meine Kinder sehen … Tun können, was mir Spaß macht – meine Arbeit, meine Hobbys, Ausflüge mit der Familie. Das ist eigentlich nichts Besonderes, und doch macht es mich glücklich." **Bineswelt**

„ZU WISSEN, DASS ES BALD FRÜHLING WIRD."
@stefanie.gartmann

„SOMMER, SONNE, KAKTUS."
hedy_mae

< „Omis Rezepte nachkochen/-backen. Für dieses Jahr haben wir uns zum Ziel gesetzt, ein Familienrezeptebuch zu gestalten, das zu Weihnachten verschenkt werden soll. Das Kochen und Backen macht nicht nur riesig Spaß, mit den Rezepten sind auch so viele wunderschöne Erinnerungen verbunden."
Katrin Morlok

„EIN GUTES BUCH, DAS SCHNURREN MEINER KATZE UND KEINE TERMINE ZU HABEN."
Birte Schwarz

„An, auf, im und vor allem unter Wasser sein."
Tikipai

MEINE KÜCHE.
MEIN GESCHMACK.
Meine Rezepte.

JETZT NEU AM KIOSK!

Das neue Rezeptheft von Living at Home mit den beliebtesten Rezepten aus dem Magazin – schnell, kompakt und auf einen Blick.

SCHÖN HIER.

Im ausgewählten Zeitschriftenhandel erhältlich.
Oder online bestellbar: www.livingathome.de/heft-lieblingsrezepte

EXTRAS & VORSCHAU

FLOW-FAVORITEN

Möchtest du noch mehr Flow in deinem Leben haben? Es gibt viele tolle Extras. Zum Beispiel unser Book for Paper Lovers, das randvoll ist mit tollen Papierprodukten. Oder das Flow-Lesebuch, das sich um die Liebe zum Lesen und zu Büchern dreht. Oder die App *Flow Kalender 2017* mit schönen Gedanken und Einsichten für jeden Tag des Jahres.

Das Book for Paper Lovers (19,95 Euro) und das Lesebuch (12,95 Euro) kannst du unter www.flow-magazin.de/shop bestellen. Die App *Flow Kalender 2017 – Inspiration und Zitate* gibt es im App Store und bei Google Play (1,99 Euro). www.flow-magazin.de/app2017

Für unterwegs: die Flow-App

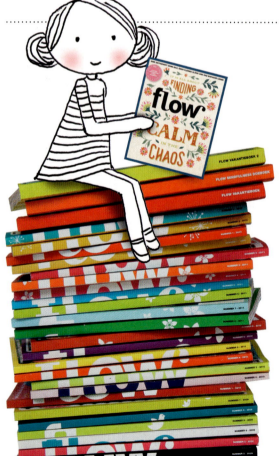

FERIEN-ERKENNTNISSE:
Wie Urlaub uns weiterbringt –
selbst wenn er schiefgeht

*

DAS NEUE MEDITIEREN:
Unkompliziert & alltagstauglich

*

SELBER MACHEN:
Batiken mit der japanischen
Shibouri-Technik

*

UNSERE PAPIERGESCHENKE:
Naturerlebnis-Büchlein,
Sommergirlande

FLOW #26: 6. JUNI 2017

Manchmal ändern wir unsere Pläne, finden etwas noch Besseres, etwas noch Schöneres. Darum kann es sein, dass die nächste Ausgabe ein bisschen anders aussieht, als wir es hier ankündigen.

ILLUSTRATION ANNELINDE TEMPELMAN/STUDIO 100%